육바라밀

김현준 지음

효림

불교교리총서 ❹

육바라밀

초 판 1쇄 펴낸날   1999년 5월 10일 (초판 16쇄 발행)
개정판 1쇄 펴낸날   2013년 4월 10일
       5쇄 펴낸날   2022년 3월 11일

지은이   김현준
펴낸이   김연지
펴낸곳   효림출판사

등록일   1992년 1월 13일 (제2-1305호)
주 소   서울특별시 서초구 반포대로14길 30, 907호 (서초동, 센츄리 I)
전 화   02-582-6612, 587-6612
팩 스   02-586-9078
이메일   hyorim@nate.com

값 6,500원

ⓒ 효림출판사 2013
ISBN 978-89-85295-75-8   03220

잘못 만들어진 책은 바꾸어 드립니다.
이 책은 저작권법에 따라 보호를 받는 저작물이므로 무단전재와 무단복제를 금지합니다.

서 문

　육바라밀은 대승불교의 기본 수행법입니다. 특별한 수행자만이 아니라, 일체 중생 모두가 성불할 수 있음을 천명한 대승불교의 수행법입니다. 따라서 육바라밀은 누구나 쉽게 실천할 수 있고 누구나 닦아 익힐 수 있도록 구성되어 있습니다.
　보시·지계·인욕·정진·선정·반야바라밀!
　이 여섯 가지 바라밀은 우리의 인생을 참되게 가꾸어 주는 수행법입니다. '나'를 향상 발전시키고 깨어나게 하며, 업의 결박으로부터 벗어나게 하는 해탈법입니다. 모든 불자들을 피안의 세계로 인도하는 보살행법입니다.
　형편따라 능력껏 행하면 큰 이득을 얻게 되는 것이 육바라밀 수행입니다. 그런데도 이 육바라밀 수행법을 본으로 삼아 삶을 개척해 나가는 불자는 그리 많지 않습니다. 오히려 이 수행법을 '나'와 무관하게 생각하는 불자들이 예상외로 많다는 것을 느꼈습니다.

　이를 안타깝게 생각하다가, 육바라밀의 정신과 실천방법을 중심 내용으로 삼아 월간 「법공양」에 6회 동안 연재하였고, 그 글을 다시 다듬어 한 권의 책으로 발간하게 되었습니다.

　모든 불교신행의 원리를 담고 있는 이 육바라밀 수행법을 부디 '어렵다' 하지 마시고, 정성 어린 마음으로 실천하여 행복과 자유와 청정이 충만된 삶을 누리시기를 축원드리옵니다. 아울러 이 책을 쓴 공덕을 사랑하는 큰딸 연수와 일체중생의 행복에 회향하옵니다.

　나무마하반야바라밀.

불기 2557년 3월 부처님 열반일에
개정판을 내면서　金鉉埈 拜

차 례

서 문 … 3

좋은 세상을 여는 보시 : 보시바라밀 …… 11
보시의 참뜻 / 13
도로써 돈을 쓰는 재물보시 / 17
참된 삶의 길을 깨우치는 법보시 / 25
평안과 해탈의 무외시 / 35
감사하는 마음으로 보시를 / 41

계율은 해탈의 주춧돌 : 지계바라밀 …… 45
순리와 행복의 길로 인도하는 계율 / 47
지계는 불성의 발현 / 51
삼취정계와 지계의 완성 / 56
악업을 막는 섭율의계 / 58
섭선법계와 섭중생계 / 66

인욕은 행복의 묘약 : 인욕바라밀 …… 77
우리의 무대는 사바세계 / 79
역경을 뛰어넘는 인욕 / 85
순연順緣을 다스리는 인욕 / 93

정진으로 향상된 삶을 : 정진바라밀 …… 105

    정진바라밀이란 / 107
    원願이 강해야 정진이 쉽다 / 113
    용기를 북돋우며 정진하라 / 120
    조급해하지 말고 최선을 / 129

평화로움을 되찾는 선정 : 선정바라밀 …… 135

    선정이란 / 137
    선정력을 얻는 비결 / 143
    마음의 파도 다스리기 / 149
    긍정 속에 평화로움이 / 155

지혜의 완성 : 반야바라밀 …… 159

    반야란 무엇인가 / 161
    반야의 발현은 공의 체득에서 / 169
    회향을 잘하면 반야바라밀을 이룬다 / 177

남을 대할 때는 주는 마음으로 대하라
보수報酬가 없는 일을 연습하여라
이것이 보시바라밀이니라

미안未安에 머무르지 말라
후회하는 일을 적게 하여라
이것이 지계바라밀이니라

모든 사람들을 부처님으로 보라
부처님께서 욕辱하신다면 배울 일이요 깨우쳐 볼 일이다
이것이 인욕바라밀이니라

이 세 가지는 사람으로서 세상을 대하는 법이니
옳거든 부지런히 실행하라
이것이 정진바라밀이니라

이러한 과정으로 시간이 경과함에 따라
마음이 안정되나니
이것이 선정바라밀이니라

이것이 익숙해지면 마음이 편안해지고 따라서 지혜가 나고
지혜가 있으니 일에 대하여 의심이 없나니라
이것이 반야바라밀이니라

좋은 세상을 여는 보시

- 보시바라밀 -

보시의 참뜻

도로써 돈을 쓰는 재물보시

참된 삶의 길을 깨우치는 법보시

평안과 해탈의 무외시

감사하는 마음으로 보시를

보시의 참뜻

❀

　옛날 어느 시골 농부가 밭을 갈다가 나한상羅漢像 하나를 발견하였습니다. 감정을 받아본 결과 순금으로 만든 것이었으므로 농부와 그의 가족들은 매우 기뻐했습니다.

　"하늘이 우리 가족에게 복을 내려 주셨구나."

　"아, 이것 하나면 우리 가족이 한평생을 잘 먹고 잘 살 수 있을 거야."

　그러나 이튿날부터 농부는 무엇인가를 골똘히 생각하기 시작하더니, 밥도 잘 먹지 않고 잠도 제대로 자지 못하는 것이었습니다. 며칠이 지나도록 얼굴이 펴지지 않는 농부를 보고 주위 사람들은 물었습니다.

　"이제 큰 부자가 되었는데, 무슨 걱정이 있어 하루 종일 얼굴을 찌푸리고 계시오?"

　"참으로 알 수가 없어. 나머지 순금 나한상 15개는 어디에 묻혀 있는 것일까?"

나한을 모실 때는 16나한을 한꺼번에 모시는데, 하나를 찾았으니 아직 묻혀 있을 15분의 나한은 어디 가서 찾을 것인가? 농부가 고민했던 것은 바로 이것이었습니다.

사람들의 마음속에는 이 농부와 같은 욕심과 번뇌망상이 도사리고 있기 마련이며, 이것이 조금 있을 때는 문제가 되지 않습니다. 하지만 이와 같은 욕심과 번뇌망상이 짙어지게 되면 속박된 삶, 괴로운 삶, 무상한 삶 속으로 깊이깊이 빠져듭니다.

우리가 이 세상에 태어난 것이 근심하고 걱정하고 슬퍼하고 고통 받기 위해서입니까? 아닙니다. 고통과 회한과 무상 속에서 살고자 하는 이는 절대로 없습니다. 누구나가 다 자유롭고 멋있고 행복하게 살기를 원합니다. 그리고 해탈을 하면 누구든지 그 원처럼 행복하고 멋있게 살 수 있습니다. 해탈하면 틀림없이 그와같이 살 수 있습니다.

불교의 목표인 해탈解脫! 해탈은 결박을 풀어 버리는 것입니다. 번뇌망상이라는 결박, 번뇌망상 속에서 그릇되이 맺은 업業의 결박을 풀어버리는 것이 해탈입니다.

그러므로 해탈을 하려면 현재 우리를 칭칭 동여매고 있는 업의 결박을 풀어버려야 하고, 업의 결박을 풀기 위해서는 번뇌망상을 잠재워야 하며, 번뇌망상을 잠재우려면 '나'의 욕심, 나의 교만, 나의 사랑·고집·편견 등을 버려야 합니다.

곧 '나'를 비울 수 있어야 합니다. 나를 비울 때 이 우주에 가득 차 있는 영원한 생명력과 행복의 기운이 나와 하나가 되어, 자유롭고 멋있고 행복하게 살 수 있는 것입니다.

'나'를 앞세우는 자세는 이 우주에 충만되어 있는 영원한 생명력과 행복의 기운을 차단시켜 버립니다. 나의 굴레에 사로잡혀 스스로 문을 닫고 사는 동안은 크나큰 행복과 자유가 나에게 결코 다가오지 않습니다. 나를 비우고 나의 벽을 무너뜨릴 때 이 우주에 충만되어 있는 행복의 기운이 저절로 찾아드는 것입니다.

그러나 '나를 비운다'는 것은 쉬운 일이 아닙니다. 이기심을 버리고 내가 간직하고 있는 불성佛性, 그 본래의 마음에서 발현되는 자비심으로 산다는 것은 그냥 되는 것이 아닙니다. 그래서 부처님께서는 여섯 가지 해탈법인 보시布施·지계持戒·인욕忍辱·정진精進·선정禪定·반야般若의 육바라밀六波羅蜜 수행법을 일러주셨던 것입니다.

그런데 왜 하필이면 보시를 가장 앞에 둔 것인가? 우리 속에 도사리고 있는 '나'의 욕심·교만·사랑·고집·편견을 버리는 가장 쉬운 방법이 보시행布施行이기 때문이요, 참된 보시를 행할 때 우리 속의 불성이 움직여 '나'로 인해 매듭지어졌던 결박들이 가장 빨리 풀리게 되기 때문입니다.

보시! 그것은 버리는 것입니다. 참된 '나'가 아니라 괴로움과 망상의 근원이 되는 '나'를 버리는 것입니다. 그래서 부처님께서는 버리는 것을 배우라고 하셨습니다. 버리는 것을 배워야 참으로 자유롭고 행복할 수 있다고 가르쳤습니다.

부처님께서 말씀하신 보시는 단순히 베풀고 기쁨을 느끼는 차원의 것이 아닙니다. '나'를 버리고 '나'를 비워서 참된 해탈을 이루는 것! 이것이 보시의 참뜻입니다.

도로써 돈을 쓰는 재물보시

육바라밀의 첫 번째 덕목인 보시바라밀布施波羅蜜은 '보시로써 바라밀 한다'는 것으로, 보시로써 피안의 세계로 건너가는 지름길로 삼는다는 뜻입니다. 자연, 보시를 잘하면 능히 해탈할 수 있고 진정한 평화와 행복을 누릴 수 있게 되는 것입니다.

부처님께서는 이 보시를 재시財施·법시法施·무외시無畏施의 셋으로 나누어 말씀하셨습니다.

첫 번째 재시는 재물보시입니다. 물질로써 가난한 사람, 배고픈 사람, 그 물질을 꼭 필요로 하는 사람에게 베풀어주는 것입니다.

인간의 번민과 괴로움은 끝이 없습니다. 그런데 과연 무엇 때문에 고민하고 괴로워하는 것입니까? 각자가 나름대로 여러 가지 이유를 들겠지만, 압축하면 '사람'과 '물질'로 모아집니다.

내가 가장 사랑하는 사람인 '나'부터 시작하여, 주변의 사랑하는 사람·미워하는 사람 모두가 나를 번민 속으로 몰아넣고 괴롭게 만듭니다. 재물 또한 없으면 잘 먹고 잘 입고 잘 살 수 없기 때문에 재물을 모으고 관리하는데 신경을 쓰지 않을 수 없습니다. 어쩌면 우리 중생들의 '사람'과 '물질'에 대한 고민은 너무나 당연한 것일 수도 있습니다.

특히 인간에게는 행복을 추구하는 본능이 있습니다. 오래 살기를〔壽〕, 재물이 많기를〔富〕, 몸이 튼튼하고 마음이 편안하기를〔康寧〕, 귀하게 되기를〔貴〕, 자손이 많기를〔多子孫〕바라는 본능이 있습니다. 이것이 모두 갖추어지면 '오복五福이 구비되었다'고 합니다.

행복을 추구하는 본능은 결코 나쁜 것이 아닙니다. 그러나 본능도 지나치면 화가 됩니다. 지나치면 인간성이 상실됩니다. 특히 물질의 으뜸인 돈을 잘 못 쓰면 내 몸 망치고 집안 망치고 나라까지 망하게 합니다. 도를 지나쳐서 돈을 모으면 올바른 돈으로 남아 있지 못하고, 절도를 잃은 채 쾌락과 부정을 위해 사용할 때는 그 돈이 사람을 해치게 됩니다.

생명 없는 돈이 어떻게 사람을 해칠 수 있을까? 그러나 생명 없는 종이에 조폐공사의 도장이 찍히고 모든 사람이 돈의 유통을 긍정하게 되면, 그 돈에 의지가 붙고 돈 자체가 힘을 가지게 된다는 것을 잊어서는 안 됩니다.

돈은 눈이 밝기가 그지없습니다. 옛사람들은 아침 저녁으로 돈궤를 향해 절을 하면서 기원했습니다.

"돈님 돈님, 나갈 때는 부디 상하는 사람 없도록 곱게 나가시오, 곱게 나가시오."

과연 이렇게 기원한 까닭이 무엇이겠습니까?

실로 돈은 돌고 도는 것입니다. 돌고 도는 것이기에 그것은 인연 따라 나에게로 옵니다. 돈이 어디에 있다가 나에게로 오는가? 돈은 이 우주에 가득 채워져 있습니다.

그 돈은 누구의 것도 아닙니다. 필요로 하는 사람에게 필요한 만큼 주어지게 되어 있습니다. 스스로 돈의 법도를 어기거나 지나치지 않는 이상에는 필요한 만큼의 돈은 언제나 오게 되어 있습니다. '기도하여 부자가 되었다'는 이야기가 많이 전해지고 있는 까닭도 같은 원리에 의한 것입니다.

많은 사람들이 돈 없음을 탓합니다. 그러나 가난도 부富도 마음 따라 구해진다는 사실을 깨닫지 못합니다. 탐욕과 질시와 어둠으로 우리의 마음을 가득 채운다면 돈은 우리를 싫어하고 떠나갑니다. 돈은 돈이요 황금은 황금이라는 사실을 솔직히 긍정하면서 넉넉한 마음으로 복을 구할 때 더욱 큰돈이 우리에게 다가오는 것입니다.

그러므로 필요한 돈이 저절로 오도록 하려면 무엇보다도 순수하고 넉넉한 마음을 갖도록 노력해야 합니다. 순수하고 넉넉한 마음으로 베풀면서 살아야 하고, 베푸는 일에 익숙해야 합니다. 베풀 것이 있을 때 베풀어야 합니다.

'돈을 많이 모은 다음 좋은 일을 하겠다'며 미룰 일이 아닙니다. 조금 있으면 조금 있는 대로 보시를 할 줄 알아야 합니다. 왜냐하면 보시를 하는 그 마음 자체가 바로 도심道心이요, 우리를 잘 살게 만들어 주는 복덕이 되기 때문입니다.

만약 이제까지 잘 베풀지 못하고 살았다면 지금부터라도 능력껏 보시를 해보십시오. 세상이 달리 보이고, 잔잔한 기쁨이 마음에 가득할 것입니다.

충청도 충주 땅에 실제로 살았던 '고비高蜚'라는

이름의 부자는 인색하기가 전무후무한 사람이었습니다.

어려서 고아가 된 그는 남의 집 머슴으로, 등짐장사로 갖은 고생을 하며 살았지만, 하는 일마다 행운이 뒤따라 큰 부자가 되었습니다. 그러나 인색함이 극에 달하여 남에게 쌀 한톨 그냥 주지 못했습니다. 아까워서 줄 수가 없었던 것입니다. 그런데 하루는 방문 밖에서 머슴이 아뢰는 것이었습니다.

"주인님, 살쾡이가 닭을 한 마리 물어갔습니다."

그 말을 듣는 순간 한 생각이 고비 영감의 머리를 스치고 지나갔습니다.

'오늘날까지 나의 재산은 불어만 갔지 줄어든 적이 없었다. 그런데 이제 닭 한 마리가 축이 났다. 이것은 내 재산이 이제부터 나간다는 신호가 아니겠는가? 기왕 나갈 재산이면 본때 있게 써서 내보내야지.'

그때부터 고비영감은 애써 모은 재산을 모두 풀기 시작했습니다. 가난한 사람을 돕는 것은 물론이요, 모르는 사람들을 위해 다리를 놓고 저수지를 만드는 등의 공익사업을 펼치며 살았습니다. 그리고 세상을 떠날 때는 자손들에게 일렀습니다.

"나는 내가 벌어서 내가 썼다. 너희들도 제 힘으로 벌고 제 힘으로 살아라."

&

베품의 기회는 언제든지 있습니다. 생각 한번 바꾸면 베풀 곳이 눈에 보입니다. 특히 요즘처럼 나라 살림이 어렵고 온 국민이 마음이 얼어붙을 때일수록 잘 베풀고 덕스럽게 돈을 쓸 줄 알아야 합니다.

❀

조선 선조 때, 경상도 선산지방의 갑부였던 최현崔晛과 고응척高應陟은 얼마 후 전란이 일어날 것임을 미리 감지하였습니다.

그날부터 고응척은 가지고 있던 전답을 팔아 호의호식하였고, 최현은 가지고 있던 돈으로 '팔겠다'고 하는 사람들의 전답을 모두 사들였습니다. 전쟁이 나면 생명도 부지한다는 보장이 없는 판에, 전답을 무조건 사들이는 최현의 행동이 너무나 엉뚱하여 고응척이 그 까닭을 물었습니다.

"난들 전쟁이 일어나면 전답이 필요없다는 것을

왜 모르겠습니까? 그렇지만 내가 전답을 사주지 않으면 그 사람들은 당장 써야 할 돈을 마련할 수 없을 것입니다."

얼마 뒤 임진왜란이 일어났고, 고응척의 후손은 끊어졌으나, 최현의 후손인 전주 최씨들은 대대로 부귀를 누리면서 지금까지 이어오고 있습니다.

❧

이 이야기와 지금 우리가 겪고 있는 경제대란과 결부시켜 보십시오. 과연 오늘의 경제대란이 어떻게 일어났습니까? 여러 가지 원인이 있겠지만, 가장 큰 원인은 대다수의 사람들이 베풀 줄 모르고 이기적으로 자기 욕심만 채우며 살아왔기 때문입니다.

이제 우리는 도道로써 돈을 써야 합니다. 돈보다 더 소중한 것! 그것은 도입니다. 돌고 도는 돈이 아니라, 언제나 나와 함께 하는 도인 것입니다.

돈과 도. 이 두 가지 중 돈은 돌고 도는 것이기에, 집착을 하면 할수록 윤회의 수레바퀴가 더욱 세차게 돌아갑니다. 돈에 얽매이면 '나'의 고통과 윤회가 그칠 날이 없습니다. 하지만 변하지 않는 도, 항상 고요하며 동요되지 않는 도와 합치하면 괴로움은 물론 윤회의 수레바퀴도 구르기를 멈추게 됩니다.

그렇다고 하여 무조건 돈을 적대시하여서는 안됩니다. 왜냐하면 바로 그 돈 속에 도가 있기 때문입니다. 도는 어느 곳에나 있습니다. 돈 속에도 있습니다. 돈 속에 도가 있으므로 도로써 돈을 쓰면 돈을 쓰는 자체가 온통 도로 바뀔 수 있습니다. 도로써 쓰는 돈. 부처님은 이렇게 돈을 쓰는 것을 재시 財施라고 하신 것입니다.

우리 모두 가진 재물로써 능력껏 베풀어 봅시다. 재물이 없다면 육체적인 봉사도 좋습니다. 넉넉한 마음으로 능력껏 베풀 때 인색한 마음은 저절로 사라집니다. 인색한 마음과 더불어 탐하는 마음이 사라지므로 마음이 맑아지고, 육체적으로 물질적으로 남을 살렸으니 온몸 가득 환희가 넘치게 됩니다.

이렇게 될 때 우리 앞에 그릇되게 뚫려 있던 탐욕의 길, 투쟁의 길, 어둠의 길이 저절로 사라지고, 지옥·아귀·축생 등의 추한 세계도 자취를 감추게 되는 것입니다.

부디 도로써 능력껏 베풀어 보십시오. 틀림없이 좋은 일이 찾아들고 좋은 세상이 열리게 됩니다.

참된 삶의 길을 깨우치는 법보시

두 번째 보시인 법시法施는 흔히 법보시라고 칭합니다. 법보시는 사람들에게 진리를 베풀어 정신세계를 올바로 열어줄 뿐 아니라, 참으로 잘 사는 방법을 깨우쳐 주는 것입니다.

사람은 물질로만 사는 존재가 아닙니다. 잘 먹고 잘 입고 큰 집에서 산다고 하여 만족하는 사람은 없습니다. 또 지금 잘 살고 있다고 하여 영원히 잘 사는 것도 아닙니다.

지금 잘 산다는 것은 과거에 심은 행복의 씨앗이 열매를 맺은 것일 뿐, 지금의 행복이 다하면 다시 불행해질 수밖에 없습니다. 따라서 지금 잘 살고 있다고 하여 마음대로 행동하여 낭비하고 교만하게 살면, 다음에 받을 과보는 불을 보듯 분명해집니다.

인생살이에 있어 가장 중요한 것은 온전한 마음가짐으로 사는 것입니다. 온전한 마음가짐으로 살아가면 과거의 나쁜 업은 차츰 녹아내리고 미래는 저절로 밝아지게 됩니다.

그럼 어떻게 살아야 온전한 마음가짐으로 사는 것

인가? 정법正法! 바로 정법에 의지하고 정법에 맞게 살아야 합니다.

　모든 중생은 다르마(Dharma, 達摩) 곧 '그렇게 되게끔 되어 있는' 법칙에 따라 존재합니다. 마음 밭에 콩을 심으면 콩을 거두고 팥을 뿌렸으면 팥을 수확하게 됩니다. 정법으로 살면 행복과 깨달음을 이루고, 삿된 법을 따르면 타락과 불행을 자초할 수밖에 없는 것입니다.

　법보시의 '법法'은 정법입니다. 정법을 일러주고 정법을 깨우쳐주고 정법과 하나가 되는 삶을 살 수 있도록 베푸는 것이 법보시입니다.

　불자라면 마땅히 사제四諦·팔정도八正道·육바라밀 등 부처님께서 설하신 해탈의 교법敎法을 전하며 살아야 합니다. 인연 있는 중생에게 고통과 불안을 덜어주고 행복과 평화로운 삶을 열어주는 부처님의 바른 법을 전하여야 합니다. 부처가 될 수 있는 방법을 설한 불법佛法을 함께 배우면서 함께 깨달음의 세계로 나아가고자 해야 합니다. 이것이 불자의 법보시입니다.

　하지만 법보시를 잘 실천한다는 것이 쉬운 일은

아닙니다. 원이 분명하지 않으면 법보시를 행하기가 쉽지 않습니다. 굳건히 원을 세우고 마음을 크게 열어야 합니다. 나의 이익, 나의 복덕, 나의 성취 등등, '나'의 틀을 벗어버리고 다함께 깨달음의 세계로 나아가는 '자타일시성불도自他一時成佛道'의 자세로 임해야 합니다.

우리가 예불을 올릴 때 마지막으로 외우는 '자타일시성불도'. 온누리 중생이 다함께 부처되기를 발원하는 이 일곱 글자 속에는 어떠한 종교와도 비교할 수 없는 불교의 위대함이 간직되어 있습니다.

정녕 내가 부처의 몸을 이루었다고 생각해보십시오. 나에게 무슨 문제가 있을 수 있겠습니까? 그리고 모든 이들이 부처가 되었다고 생각해보십시오. 이 세상은 그야말로 자비와 지혜와 행복만이 가득할 것입니다.

우리 불자들이 자타일시성불도를 발원하며 법보시를 행한다면 부처님의 말씀 그대로 법보시의 공덕은 한량이 없게 됩니다. 이 세상의 복 짓는 일 중에서 깨달음을 얻을 수 있도록 해주는 복보다 더 큰 복이 어디에 있겠습니까?

또한 법보시를 실천하는 이들은 능히 잘 참을 줄 알아야 합니다.

❀

부처님의 십대제자 중 설법제일說法第一 존자는 부루나富樓那입니다. 어느 날 부루나존자는 생각에 잠겼습니다.

'서쪽 수나아파란타국은 부처님의 가르침을 전혀 모를 뿐 아니라, 사람들이 난폭하고 의심이 많다. 그들이야말로 부처님의 법이 필요한 자들이다. 그들에게 불법을 전하여 행복한 삶을 살 수 있도록 하리라.'

부루나존자는 부처님께 그 결심을 말씀드리고 허락을 구했습니다. 그러나 부처님께서는 그 나라 사람들의 특성을 잘 알고 있었기 때문에 존자에게 물었습니다.

"부루나야, 그곳 사람들은 성질이 거칠고 의심이 많다. 만약 그 나라 사람들이 너에게 욕을 한다면 어찌 할 것이냐?"

"그들이 저에게 욕을 한다면 저는 '이 나라 사람

들은 착한 사람들이기 때문에 주먹으로 때리지는 않는구나' 라고 생각하겠습니다."

"부루나야, 만약 그들이 너를 주먹으로 때린다면 어떻게 할 것이냐?"

"그렇다면 저는 사람들이 막대기로 때리지 않는 것만으로도 착하게 여길 것입니다."

"부루나야, 그들이 막대기로 때린다면 어떻게 할 것이냐?"

"그들이 저를 막대기로 때린다면 칼로 베지 않는 것만으로도 좋은 사람들이라 여길 것입니다."

"부루나야, 그들이 너를 칼로 벤다면 어떻게 하겠느냐?"

"그때는 이렇게 생각하겠습니다. '세상에는 살아가면서 생기는 온갖 슬픈 일과 괴로움 때문에 덧없이 육신을 벗어버리기를 원하는 사람들도 있다. 이렇게 원하는 죽음을 그들이 나에게 베풀어주는 것이다' 라고 고맙게 생각하겠습니다."

부루나존자의 확고한 결의를 확인한 부처님은 말씀하셨습니다.

"훌륭한 일이다. 부루나야, 능히 인욕할 줄 아는

그대야말로 수나아파란타국 사람들 사이에서 머물 만하다. 가거라. 가서 열심히 불법을 펼쳐 그들을 제도하라."

마침내 부처님의 허락을 얻은 부루나존자는 그 나라로 가서 불법을 펼치다가 열반에 들었습니다. 무섭고 나쁜 사람들로 소문이 났던 수나아파란타국 사람들은 부루나존자의 설법을 듣고 1년 동안 5백 명이 출가하여 승려가 되었으며, 사찰도 5백개나 생겨났습니다. 그리고 그 나라 백성들도 열심히 부처님의 가르침을 믿고 따르는 착한 사람들이 되었습니다.

※

만약 부루나존자와 같이 생각하고 인욕하며 법보시를 행한다면 어떠한 중생이든 반드시 교화할 수 있을 것입니다. 그리고 부루나존자는 독특한 설법 요령을 가지고 있었습니다.

① 일단 설법을 시작하면 먼저 뛰어난 말솜씨로 사람들을 기쁘게 만든다.

② 폐부를 찌르는 고언苦言으로 듣는 이의 마음

에 절실한 자책감을 가지게 한다.
　③ 밝은 지혜로 모든 것이 공空함을 가르쳐 듣는 이로 하여금 예외없이 해탈케 한다.

법보시를 행하는 불자들은 부루나존자의 3단계 설법요령을 응용해보는 것도 좋을 것입니다.
　이제 우리 불자들이 평상시에 행하는 것 중, 개선되었으면 하는 사항 두 가지를 법보시와 관련하여 말씀드리고자 합니다.

첫째는 불교책의 법보시에 관한 것입니다.
　불경을 비롯한 좋은 불서물은 능히 사람들을 깨어나게 합니다. 그러므로 기회가 닿는대로 능력껏 불교책을 법보시하는 습관을 길러야 합니다.
　그런데 책을 법보시하는 사람 가운데는 '꼭 불경이어야 한다'고 고집하는 사람들이 있습니다. 경전보시의 공덕이 크다는 것은 널리 알려진 사실이므로 이 또한 옳은 주장이겠지만, 법보시의 핵심은 '상대가 정법을 잘 이해하고 실천할 수 있도록' 하는 데 있습니다.

그러므로 한문으로 된 불경이나 난해하게 번역된 불경보다는, 읽어서 진리를 분명히 깨우칠 수 있고 정법의 삶을 제시해 주는 쉬운 불교서적이나 글을 법보시하는 것이 더 좋은 경우가 많습니다. 참되게 살 수 있는 길을 쉽게 제시해 주는 책, 마음의 눈을 열어 줄 수 있는 글을 가깝고 먼 사람에게 두루 공양한다면, 그 공덕을 어찌 다 헤아릴 수 있겠습니까!

둘째는 불자들끼리 모여 있을 때는 '법담法談을 하자'는 것입니다.

법회 때나 법당에서 기도를 할 때는 너무나 엄숙하고 진지한 우리 불자들이, 법회가 끝나거나 방에 모여 쉴 때는 가슴 속에 묻어 놓았던 불평불만부터 시작하여, 직접 관계도 없는 세상 구석구석의 일까지를 평하고 욕하고 이야기하는 경우가 많습니다. 그야말로 법담이 아닌 잡담으로 시간을 보내는 것입니다.

부처님께서 사위성에 계실 때의 일입니다. 제자들

이 모여 앉아 세속에 있을 때의 이야기를 하고 있었습니다. 도둑들과 싸운 이야기, 술을 마시며 즐겼던 이야기, 먹고 입고 살았던 이야기 등 서로의 사연과 경험을 털어놓으며 시간을 보내고 있었습니다. 그때 부처님께서 나타나 말씀하셨습니다.

"비구들이여, 이와 같은 잡담은 그만두도록 하여라. 그러한 말들은 아무런 의미가 없다. 선한 마음을 기르는 이야기도 아니고, 수행에 도움을 주는 이야기도 아니며, 열반을 얻는데 도움이 되는 이야기도 아니다.

만일 너희들이 이야기를 하고 싶거든 법에 대해 이야기 하여라. 욕심을 적게 하여 만족하는 방법, 믿음에 대한 이야기, 계戒·정定·혜慧에 관한 이야기, 중생을 제도하고 해탈을 얻는 이야기를 하여라. 그와 같은 이야기라면 능히 번뇌를 끊고 삼악도를 벗어날 수 있게 하느니라."

⚜

이러한 부처님의 말씀처럼, 불자들이 모이면 오로지 법담을 해야 합니다. 일을 하든 차를 마시든 술자리에 있든 서로에게 잘 사는 법, 바르게 사는 법을 일러주고 불법을 논하여야 합니다. 잡담이 아니라 법담을 하는 자체가 바로 법보시인 것입니다. 그리고 이러한 태도가 생활화되면 어디에서나 저절로 법보시를 행하게 됩니다.

다른 사람을 깨우쳐주고 정법으로 살도록 깨우쳐주는 법보시. 법보시를 행하다 보면 스스로 또한 법을 깨우칠 수 있습니다. 그 누구보다도 스스로가 가장 잘 진리를 깨우칠 수 있게 됩니다.

우리 모두 부처님의 제자답게, 나와 남을 함께 잘 사는 길로 인도하고 깨달음의 길로 인도하는 법보시를 부지런히 실천해봅시다. 법보시는 부처님의 은혜를 가장 잘 갚는 방법입니다. 자신있게, 능력껏 법보시를 행하실 것을 두 손 모아 권청勸請합니다.

평안과 해탈의 무외시

세 번째 보시인 '무외시無畏施'는 글자의 뜻 그대로 '모든 두려움을 제거하여 평안한 마음을 가질 수 있도록 해주는 보시'입니다.

육체적·정신적인 공포 속에서 구원해 주는 것만이 아니라, 누군가가 어려운 일을 당하여 갈피를 잡지 못할 때 용기를 주고 희망을 주어 안심시켜 주는 것, 공연한 번뇌 속에서 우울증에 빠져 있을 때 긍정적인 생각을 심어 주어 명랑하고 활달하게 살 수 있도록 이끌어 주는 것 등도 무외시입니다. 우리가 익히 알고 있는 '울보 노파' 이야기를 예로 들어봅시다.

'울보'라는 별명을 가진 노파는 비가 오면 비가 온다고 울고, 날이 맑으면 날이 맑다고 울었습니다. 하루는 이웃에 있는 선비가 노파에게 물었습니다.

"할머니, 왜 그렇게 하루하루를 눈물로 지새웁니까?"

"나는 참으로 불행한 할멈이라오."

"왜요?"

"나에게는 출가한 두 딸이 있다오. 큰딸은 짚신장수한테 시집을 갔고 작은딸은 우산장수에게 시집을 갔지요. 그러니 어찌 내 마음이 편하겠소? 날이 맑으면 작은딸네 우산이 안 팔릴테니 걱정이고, 비가 오면 큰딸네 짚신이 안 팔릴테니 걱정이지요. 어찌 내가 울지 않고 살 수 있단 말이오."

이야기를 들은 선비는 미소를 지으며 말했습니다.

"듣고 보니 그럴 수도 있겠습니다. 그렇지만 할머니! 할머니는 참 복도 많으신 분이구려. 비가 오면 작은딸네 우산이 잘 팔려서 좋고, 날이 맑으면 큰딸네 짚신이 잘 팔리니 얼마나 좋습니까?"

"정말!"

그날 이후 '울보 노파'는 날이 맑으나 비가 오나 항상 웃고 살았습니다.

§

선비의 말 한 마디는 노파의 우울한 마음을 없애 주었을 뿐 아니라, 언제나 웃음 짓는 사람으로 바꾸어 놓았습니다. 이것이 바로 무외시입니다.

우리들 주위에는 정신적으로 불안해 하는 사람이 매우 많습니다. 자식 걱정, 직장 걱정, 앞날에 대한 걱정…. 심지어 죽음에 대한 공포까지 마음에 담고 사는 사람들이 있습니다. 그러한 사람들을 보고 우리는 부질없는 걱정을 하고 있다며 탓하는 경우가 많습니다.

그러나 남이 볼 때는 하찮은 걱정이지만 당사자에게는 매우 큰 걱정거리가 될 수 있습니다. 객관적으로 보면 아무 것도 아닌 일이지만, 주관적으로 보면 보통 일이 아닐 수 있는 것입니다.

실로 세상의 일들 중에 인간을 가장 크게 괴롭히는 것은 나름대로의 망상과 몽상에 빠져 거꾸로 생각하며 사는 것입니다. 물질적인 빈곤이나 진리에 대한 빈곤 이상으로, 전도몽상顚倒夢想은 인간을 힘들게 합니다. 헛된 번뇌망상에 빠져 헤어나지 못할 때가 가장 괴롭습니다.

무외시는 바로 이것을 해결해 주는 보시입니다. 번뇌몽상으로 뒤바뀐 마음, 불안한 마음을 편안하게 해주고 기쁨과 깨달음을 주는 것이 무외시입니다. 실로 이 무외시의 폭은 매우 넓습니다.

❀

　미국 샌프란시스코의 한 작은 마을에 살았던 우체부는 매일같이 마을 부근을 돌며 우편물을 배달했습니다. 그는 눈이 오나 비가 오나 하루에 50마일 정도의 길을 다니고 또 다녔습니다. 어느 날 우체부는 모래 먼지가 뿌옇게 일어나는 길을 가다가 문득 사색에 잠겼습니다.
　'젊어서 우편배달 일을 시작하여 벌써 20년 동안이나 황폐한 이 길을 오가고 있구나. 아! 나의 남은 인생도 이 황폐한 길을 다니며 보내야 하다니….'
　이러한 생각이 들자 자신의 일에 회의가 들기 시작했고, 풀 한 포기 꽃 한 송이 없는 황량한 길을 다니면 다닐수록 더욱 시름에 젖어들었습니다. 그러던 어느 날 한 생각이 머리를 스치고 지나갔습니다.
　'우체부 일이 어차피 나에게 주어진 일이요, 이 황량한 길 또한 매일같이 내가 다녀야 하는 길이지 않은가! 그래, 내가 맡은 일은 기꺼이 하리라. 그리고 황폐한 이 길도 내가 아름답게 가꾸면 되지 않겠

는가.'

그는 다음날부터 주머니에 꽃씨를 넣고 다니며 우편 배달하는 사이사이에 그 꽃씨들을 길가에 뿌려습니다. 매일 조금씩 조금씩 여러 종류의 꽃씨를 뿌렸습니다. 차츰 다니는 길가에는 형형색색의 꽃들이 피어났고, 마침내는 전체가 아름다운 꽃길로 바뀌었습니다.

⁂

피어나는 꽃들을 보면서 우체부는 어떻게 살았을까요? 자신의 일에 보람을 느끼면서 즐거운 마음으로 살았습니다. 나아가 그 길을 다른 사람들의 정서까지 아름답게 만들었습니다.

이것이 바로 참된 무외시입니다. 불쌍하고 가난한 사람을 돕는 것만이 보시요 자비가 아닙니다. 모든 사람에게 기쁨을 줄 수 있는 나름대로의 노력, 그리고 자기가 맡은 일을 기꺼이 하고 책임을 다하는 것도 무외시입니다.

무외시는 돈이 많이 드는 것도 땀을 많이 흘려야 하는 것도 아닙니다. 오직 하고자 하는 마음만 내면 쉽게 할 수가 있습니다.

특히 한 마디의 축원祝願은 매우 소중한 무외시가 됩니다. 주위와 모든 이들에게 자비와 지혜와 행복이 충만되기를 축원하여 보십시오. 주위가 온통 훈훈한 복밭으로 바뀔 것입니다.

부디 따뜻한 마음으로 무외의 보시를 할 수 있는 불자가 되기를 축원드립니다.

감사하는 마음으로 보시를

처음 '보시의 참뜻'을 이야기할 때, '보시는 나를 비우고 나를 버려 해탈의 세계로 나아가는 수행법'이라고 하였습니다. 그리고 이와 같은 이유 때문에 불교에서는 머무름이 없는 보시인 '무주상보시無住相布施'를 거듭 거듭 강조합니다.

'내가' '누구에게' '무엇을 베풀었다'는 생각을 모두 버리라는 것입니다.

하지만 무주상보시는 쉽지가 않습니다. 참으로 완벽하게 무주상보시를 할 수 있다면 이미 중생이 아닙니다. 그리고 처음부터 무주상만 강조하다보면 보시 자체에 대한 회의마저 느낄 수 있습니다.

그러므로 처음부터 무주상을 고집하거나 강요해서는 안됩니다. 우선은 베푸는 것이 중요합니다. 자꾸 자꾸 베푸는 연습을 하는 것이 중요합니다. 나와 남의 마음을 여는 보시를 끊임없이 행하다 보면, 언젠가는 저절로 무주상보시가 이루어집니다.

옛날 어느 조그마한 절에 청출淸出스님이라는 고

승이 머물고 있었습니다. 스님은 도가 높을 뿐아니라 법문도 매우 잘하였기 때문에 승려들은 물론 신도들도 매우 많이 찾아왔습니다. 자연 넓고 큰 법당이 필요하게 되었고, 이를 안 부자가 돈궤에 금화 5백냥을 담아와서 보시를 하였습니다.

"스님, 이 돈으로 넓은 법당을 지어 모든 사람들이 편안하게 법문을 듣고 수행을 할 수 있도록 해주십시오."

"알겠습니다. 잘 받겠습니다."

하지만 스님은 금화를 넣어 놓은 궤짝을 열어보지도 않았고 감사의 말도 하지 않았습니다. 스님의 태도가 불만스러웠던 부자는 넌지시 말했습니다.

"스님, 이 궤짝 속에는 금화 오백냥이 들어 있습니다."

"이미 말씀하셨지 않소?"

"스님, 금화 닷냥이면 보통 사람이 일년을 먹고 살 수 있습니다. 제가 비록 돈이 많다고는 하지만 금화 오백냥이면 결코 적은 돈은 아닙니다."

"그래, 내가 감사하다는 말을 하기 바랍니까?"

"예, 스님."

"왜 내가 그대에게 감사해야 합니까? 감사는 베푸는 사람이 해야지."

⸸

감사하는 마음으로 행하는 보시! 참으로 보시는 감사하는 마음으로 해야 합니다. 감사하는 마음으로 보시를 하게 되면 베푸는 자에게 생겨나기 쉬운 허물이 저절로 사라집니다. '내가·누구에게·무엇을 주었다'며 자랑하고 싶은 마음이 사라져서 법에 맞는 보시를 할 수 있게 됩니다.

보시는 해탈의 세계로 나아가는 뗏목입니다.

보시는 마음속의 간탐심을 보리심(菩提心, 깨달음의 마음)으로 바꾸어 놓습니다.

보시는 '나'의 인생을 보배롭게 만듭니다.

특히 감사하는 마음으로 행하는 보시는 세세생생 '나'의 앞길을 밝혀주는 등불이 됩니다.

부디 보시의 참뜻을 되새겨, 형편 따라 능력 따라 잘 베풀 수 있는 불자가 되기를 기원하고 또 기원합니다.

나무마하반야바라밀.

계율은 해탈의 주춧돌
- 지계바라밀 -

순리와 행복의 길로 인도하는 계율

지계는 불성의 발현

삼취정계와 지계의 완성

악업을 막는 섭율의계

섭선법계와 섭중생계

순리와 행복의 길로 인도하는 계율

❀

 인적이 닿지 않는 깊은 산골의 조그마한 암자에 비구스님과 사미승이 살고 있었습니다. 사미승은 돌도 되기 전에 어머니의 품을 떠나 암자로 들어 왔으므로, 머리 속에 여자에 대한 기억이 남아 있지 않았습니다. 이러한 사미승에게 스승인 비구스님은 이상한 관념을 심어주었습니다. 벽에다 여인도女人圖를 걸어놓고 그 속의 여인을 가리키며, '사람을 잡아먹는 마귀'라고 가르쳤던 것입니다.
 어느덧 청년기에 접어든 사미승은 스님을 따라 비로소 사람들이 사는 마을로 내려가게 되었습니다. 참으로 마을은 산중과는 다른 별천지였습니다. 볼 일을 마치고 암자로 돌아오는 길에 스님은 사미승에게 물었습니다.
 "마을에서 본 것들 중에 무엇이 가장 좋더냐?"
 "사람을 잡아먹는 마귀가 가장 좋던데요."

§

 마음의 본능적인 흐름은 억지로 막으려 한들 막을

수 없다는 것을 일깨워 주는 이야기입니다.

　인간은 순리대로 살아야 합니다. 순리대로 살면 평안과 행복이 깃들지만, 순리를 벗어나면 문제가 발생합니다. 인간의 본능적인 욕망이라고 칭하여지는 오욕五欲 또한 마찬가지입니다.

　먹고 싶고〔食欲〕, 이성과 함께 하고 싶고〔色欲〕, 많은 재물을 갖고 싶고〔財欲〕, 명예를 얻고 싶고〔名譽欲〕, 잠을 자거나 휴식을 취하고자 하는 욕망〔睡眠欲〕. 이 다섯 가지 욕망은 인간 삶의 기초를 이루고 있습니다. 인간의 몸을 가졌기에 먹어야 하고 이성을 그리워하고 돈을 필요로 하고 명예롭게 살고자 하고 휴식을 취해야 하는 것입니다.

　누가 감히 식食과 색色과 재물과 명예와 수면 자체를 나쁘다고 할 수 있겠습니까? 그 자체는 결코 나쁜 것이 아닙니다. 오히려 그것을 너무 무시하고 사는 것도 문제가 됩니다. 소욕지족少欲知足. 적은 욕심〔少欲〕으로 스스로 만족하며〔知足〕 살아보십시오. 오히려 욕망이 도를 증장시켜줍니다.

　문제는 욕망을 따라 사는 것입니다. 일어나는 욕망을 적절하게 조절하지 못하고 욕망에 사로잡혀 깊이 빠져들게 되면, 한없는 허물을 짓게 되고 죄악의 구렁텅이 속에 갇히게 됩니다.

곧 적당한 선에서 순리대로 살고 스스로 만족하며 살면 문제가 생겨나지 않지만, 오욕을 지나치게 탐하거나 너무 무시하면 병만 깊어지게 되고 맙니다. 부처님께서는 바로 이러한 병을 치유하기 위해 계율을 제정하셨습니다. 신분에 맞게 지켜야 할 바를 정하여 순리대로 살도록 하셨습니다.

해탈을 추구하는 비구와 비구니에게는 해탈을 이룬 사람이면 결코 범하지 않는 250가지, 348가지나 되는 엄하디 엄한 계율을 지키도록 하셨고, 재가불자들에게는 안정되고 편안하고 순리대로 살아가는데 필요한 다섯 가지 계율〔五戒〕만을 지키도록 하신 것입니다.

인생살이에 있어 참으로 중요한 것은 그릇됨에서 스스로 깨어나는 일입니다. 이기적이며 자기를 합리화한 상태에서가 아니라, 참으로 보편적인 기준에서 그릇됨을 뛰어넘고 깨어나야 합니다.

인간은 특별한 존재가 아닙니다. 이 시간 이 공간 속에서 더불어 사는 존재입니다. 따라서 이 시간 이 공간 속에서 다른 사람들과 더불어 그릇됨이 없이 살 수 있어야 합니다. 나 혼자만의 특별함을 주장하거나, 남에게 부담을 주고 폐를 끼치고 피해를 가하는 행동을 하여서는 안됩니다.

　이것은 기본입니다. 이러한 기본을 지키면 인과의 법칙에 따라 그릇된 업을 짓지 않게 되고 과보를 받지 않게 됩니다. 그리고 여기에서 한걸음 더 나아가 욕망을 따라가지 않고 밝고 바른길로 나아가면 정도正道를 이룰 수 있습니다.

　밝고 바른 정도에 입각하여 생각하고 말하고 행동하면 참다운 지계가 이루어지고, 행복한 삶을 영위할 수 있습니다.

지계는 불성의 발현

　실로 지계는 순리의 삶이요 행복의 씨앗이며 해탈의 주춧돌입니다. 정녕 불자라면 지계의 생활화를 통하여 순조롭고 행복하고 자유로운 삶의 터전을 이루어내야만 합니다.
　하지만 우리들 주변에는 계율에 대한 이야기를 하면 거부감부터 갖는 사람들이 많습니다.
　"계를 받으면 술도 못 먹고 마음대로 놀지도 못하게 된다. 그렇게 구속 당하고 어떻게 살아?"
　물론 그렇게 생각할 수도 있습니다. 계율 자체가 대부분 '……을 하지 말라'로 되어 있기 때문에, 이제까지 자유롭던 생활이 억제되고 속박당하는 듯이 느껴질 수 있기 때문입니다.
　그러나 부처님께서 계율을 제정하신 까닭은 속박을 하거나 무엇을 하지 못하도록 막기 위한 것이 아닙니다. 오히려 그 반대입니다. 세세생생토록 '나'를 지겹도록 얽어매고 있는 탐욕과 분노와 어리석음의 속박에서 벗어나, 덕성德性을 발휘하며 자유롭게 살라는 것입니다. 스스로가 지니고 있는 불성佛

性의 참된 아름다움을 발현시키며 살라는 것입니다.

❀

 비가 내리는 어느 날, 탄산坦山스님은 도반스님과 함께 탁발을 다녔습니다. 이 집 저 집을 다니며 시주를 받고 마을 앞 개울에 이르렀을 때, 긴 치마를 입은 아름다운 여인을 만났습니다. 그녀는 옷차림 때문에 물이 불어난 개울을 건널 수가 없어 매우 당황해 하고 있었습니다.
 "낭자, 제가 건네드리리다."
 스님은 조금도 주저함이 없이 여인을 번쩍 안아 개울 저편으로 건네주었습니다. 이 일이 있고부터 반나절 동안 도반스님은 한 마디의 말도 없이 심각한 표정으로 탄산스님의 뒤만 좇았습니다. 그리고 날이 어두워져 절에 도착하기가 바쁘게 더 이상은 참을 수 없다는 듯이 나무랐습니다.
 "출가한 승려는 절대로 여색女色을 가까이 해서는 안되네. 특히 젊고 아름다운 여자는 더욱 경계해야 하거늘, 왜 계율을 어기고 그 여인을 안았는가?"
 "아, 그 여인 말인가? 나는 거기에 내려놓고 왔는

데, 자네는 여태까지 안고 왔는가?"

§

　탄산스님의 행동은 파계가 아닙니다. 오히려 계율의 참뜻을 잘 보여주고 있습니다. 삼독이 없고 번뇌가 없는 마음. 그 티끌없는 마음에는 무엇이 왔다가 갈지라도 그대로입니다. 찌꺼기를 남기는 법이 없습니다.

　정녕 부처님께서 '해서는 안된다', '하지 말라'고 하신 것이 무엇입니까? 삼독三毒이라 불리우는 탐욕과 분노와 어리석음의 기운으로 저지르게 되는 행위들입니다. 그와 같은 그릇된 행위들은 우리 모두가 간직하고 있는 불성으로 행할 때는 결코 나타나지 않습니다.

　상식적인 선에서 생각을 해보십시오. 불성이 표출되어 자비와 지혜와 행복이 가득한데 무엇 때문에 살생의 업을 짓고 거짓말을 하겠습니까? 참선하고 염불하고 참회기도를 하고 있는데, 어떻게 도둑질을 하거나 삿된 음행을 할 꿈을 꾸겠습니까?

　계율은 결코 우리를 구속하는 멍에가 아닙니다. 계율은 '삼독의 기운으로 살지 말고 불성을 발현시켜 아름답고 평화롭고 덕스럽게 살라'는 가르침입니다. '불성 속의 덕성을 적극적으로 행하며 살라'는 행동지침입니다.

실로 우리의 삶에는 영원한 행복도 영원한 불행도 없습니다. 행복과 불행, 좋은 것과 나쁜 것, 밝은 것과 어두운 것은 언제나 붙어다니기 마련입니다. 그러므로 우리는 불행 속에서 행복의 길을 찾을 줄 알아야 하고, 행복 속에 잠겨있을 때에도 불행을 감지하여 새로운 행복의 씨를 심을 줄 알아야 합니다.

행복과 불행, 사랑과 미움, 기쁨과 슬픔…. 우리는 서로 상대적인 것이 함께 공존하고 있는 이 순간에 살고 있습니다.

그렇게 때문에 이 순간이 중요합니다. 이 순간의 행복에 도취되어 타락의 길로 빠져들어서도 안되고, 이 순간의 불행을 비관하여 함부로 포기하거나 제멋대로 살아서도 안됩니다.

오히려 지금의 행복과 불행을 긍정하고 기꺼이 받아들여 새로운 밝음의 길로 나아가야 합니다. 어둠의 세계에서 밝음의 세계로 나아가야 합니다.

그렇다면 밝음의 세계, 행복만이 가득한 세계로

나아가기 위해 우리는 어떻게 해야 하는가?

　삼독의 기운으로 살지 말고 불성을 발현시키며 살아야 하고, 불성을 발현시키기 위해서는 계율을 잘 지켜 삼독의 기운을 잠재워야 합니다. 계율로써 삼독의 기운을 잠재우면 어둠을 벗어나 밝음의 세계로 나아갈 수 있고, 행복이 가득한 해탈의 세계에 도달할 수 있게 되는 것입니다.

　지계持戒는 바라밀, 곧 해탈입니다. 계율을 잘 지키면 능히 해탈할 수 있습니다. 계율을 잘 지켜 불성을 발현시키면 밝음의 길이 저절로 열려 누구나 해탈의 세계에 도달할 수 있습니다.

　어찌 불자로서 계율 지키기를 싫어하고 두려워할 일이겠습니까? 계율 지키는 것을 속박으로 생각하지 마십시오. 만약 계율 지키는 것을 속박으로 생각한다면, 또 계율 지키기를 싫어한다면, 나 자신이 삼독의 기운에 휩싸여 있다는 증거입니다.

　부디 명심하십시오. 계율은 불성을 발현시키고 밝은 세상을 여는 적극적인 실천법이라는 것을….

삼취정계와 지계의 완성

우리가 믿는 불교에서는 그 어떠한 중생이라도 위대한 부처님과 조금도 다를 바 없는 불성佛性을 갖추고 있음을 천명하고 있습니다. 따라서 어떠한 중생일지라도 부처님께서 일러주신 계율과 선정과 지혜를 닦게 되면 부처가 될 수 있다고 합니다.
"누구나 다 부처를 이룰 수 있다."
이것이 바로 불교입니다. 따라서 부처님의 가르침에 따라 사는 불자는 혼자만의 해탈을 추구하지 않습니다. 위로는 깨달음을 구하고 아래로는 일체중생을 교화하는 상구보리上求菩提 하화중생下化衆生을 항상 생각해야 합니다.
참된 불자는 '나'만 깨어나는 삶이 아니라 다 함께 깨어나는 삶, 남을 깨우치는 것이 곧 나를 깨우치는 것이요 남을 위하는 것이 나를 위하는 것임을 철두철미하게 인식하여 모두가 함께 잘 살고 함께 행복해지는 삶을 추구합니다.
따라서 참된 불자들은 부처님께서 '……하지 말라'고 하신 금기禁忌의 계율을 지키는 것만으로는 만족하지 않습니다. 부처님께서 제정하신 계율을 잘 지키는 것은 물론이요, 계율을 통하여 함께 깨어나고 함께 해탈하고자 합니다.

이와 같은 숭고한 계율정신은 대승불교의 삼취정계三聚淨戒 속에 잘 나타나 있습니다.

삼취정계는 섭율의계攝律儀戒 · 섭선법계攝善法戒 · 섭중생계攝衆生戒의 세 종류로 분류됩니다.

부처님께서는 불교의 계율뿐만 아니라 중생계의 이법理法을 남김없이 담고 있는 삼취정계를 잘 지키면 지계바라밀을 성취하여 부처가 된다고 하셨습니다.

이제 삼취정계 하나하나에 대해 보다 자세히 살펴보도록 합니다.

악업을 막는 섭율의계

섭율의계攝律儀戒는 몸과 입과 뜻의 삼업三業을 잘 단속하여, 행동과 말과 생각으로 짓는 악업惡業을 제지하는 계입니다. 곧 나쁜 짓을 하지 못하도록 막는 계로서, 일반적으로 '계율'이라 할 때는 이것을 지칭하게 됩니다.

재가의 불자들이 지키는 5계에서부터 출가한 사미·사미니가 지키는 10계, 비구의 250계와 비구니 348계, 보살의 팔관재계와 10중重48경계輕戒가 모두 섭율의계 속에 포함됩니다.

마치 과일농사를 짓는 사람이 새나 짐승이나 외부의 침입으로부터 과일을 보호하기 위해 그물을 치고 울타리를 만들어 조심하는 것과 같이, 몸과 말과 뜻으로 저지를 수 있는 그릇됨과 악을 멈추게 하기 위해 신분에 맞는 갖가지 율의계를 제정하게 된 것입니다.

율의계의 종류는 한이 없습니다. 이 세상에서 일어나고 일어날 수 있는 온갖 그릇됨을 다스리기 위해 계율을 만들었기 때문입니다. 하지만 어떠한 신분의 불자라 할지라도 반드시 지켜야 하는 공통적인 계율이 있습니다. 그것은 바로 살생·도둑질·사음·망어를 막는 근본 4계입니다. 우리 모두 이 근본 4계를 다시금 음미하면서 섭율의계의 참뜻을 새겨봅시다.

① **불살생不殺生은 산 목숨을 죽이지 않는 것입니다.**
생명은 지극히 존엄하고 신성한 것입니다. 모든 중생들은 생명의 기운으로 살아갑니다. 생명의 기운으로 태어나고 살고 사랑하고 깨어납니다. 그야말로 생명은 아름다운 사랑을 발현시키고, 걸림없는 지혜를 샘솟게 하고, 무한한 능력을 발휘할 수 있게 하는 원천인 것입니다.

중생뿐만이 아닙니다. 우리가 살고 있는 대우주 또한 생명의 기운으로 유지되고 있습니다. 대우주 전체가 생명의 법칙에 따라 움직이고 있습니다. 그러므로 이 우주 속에 살고 있는 중생은 본능적으로 자기의 생명을 가장 소중히 여깁니다.

그런데 그 생명을 끊어 보십시오. 과연 그것보다 더 큰 잘못이 어디에 있겠습니까? 또 목숨을 잃은 이의 원한은 얼마나 크겠습니까? 바로 이와 같은 이유 때문에 부처님께서는 많고 많은 계율 중 불살생을 첫 번째 자리에 둔 것입니다.

실로 불살생에 담긴 참뜻은 '죽이지 않는다'는 것이 아닙니다. 보다 적극적으로 생명을 존중하고 생명의 가치를 깨달아, 서로 돕고 서로 살리며 살아가도록 하는 데 있습니다. 서로가 생명 속에 숨겨져 있는 능력이 매몰되지 않도록 하고, 그 숨은 능력이 잘 발휘될 수 있도록 노력을 아끼지 말아야 합니다.

② 불투도不偸盜는 남의 물건을 훔치지 않는 것입니다.

생명을 받아 태어난 이 세상의 모든 사람들은 저마다 세상을 능히 살아갈 수 있는 복덕을 가지고 태어났습니다. 그리고 스스로 노력하면 복은 더욱 커져서 생활에 필요한 재물을 가질 수 있게끔 되어 있습니다.

그러나 범부들은 현실에 만족하지 못하고 보다 많은 재물을 확보하고자 탐심을 부립니다. 그리고 강한 집착을 일으켜 아집我執의 성을 쌓고 남의 재물까지도 자기 앞으로 끌어당기려고 합니다.

과연 그 결과가 무엇입니까? 자신은 더욱 협소한 인간이 되고, 이웃과는 다투게 되며, 마음의 불만은 더욱 커지게 됩니다.

실로 이 우주에는 재물이 무궁무진하게 있습니다. 그 재물은 돌고 돕니다. 하지만 그 재물은 아무에게나 가는 것이 아닙니다. 정녕 그 재물을 끌어다 쓰고자 한다면 욕심을 비우고 경우를 지킬줄 알아야 합니다. 나아가 마음의 문을 열어 이웃을 돕고 다른 사람에게 베풀 줄 알아야 합니다. 그것이 복덕의 문을 여는 방법입니다.

그런데도 분수 밖의 탐욕을 부려 남의 것을 훔치기까지 한다면 어떻게 되겠습니까? 사회는 혼란해지고, 자신은 복덕의 종자가 끊어져 더욱 가난해질 수밖에 없습니다.

참으로 명예로운 부자가 되기를 원한다면 조건없이 베푸십시오. 조건 없이 베풀 때 도심盜心의 싹은 사라지고 복덕의 숲은 무한히 커집니다.

③ 불사음不邪淫은 삿된 음행을 하지 않는 것입니다.

사람의 본성은 본래 청정한 것입니다. 그 청정한 본성을 잘 지켜 나가면 마음이 고요해지고, 마음이 고요해지면 차츰 지혜의 빛을 발하고, 지혜의 빛이 커지면 해탈을 이룰 수 있게 됩니다.

그러므로 누구든지 평화롭고 지혜롭고 자유롭게 살고자 한다면 청정심을 지키며 살아야 하고, 청정심을 지니고자 한다면 욕정에 빠져서는 안됩니다. 왜냐하면 욕정이야말로 청정심을 흐리게 만드는 가장 큰 요인이 되기 때문입니다.

욕정은 타는 불꽃과 같이 일어났다 꺼졌다 하면서 모든 기멸심起滅心을 조장하고, 번뇌의 뿌리를 이루고 해탈을 방해합니다. 생사를 뛰어넘어 해탈과 열반의 저 언덕에 이르려면 먼저 생사의 근본이 되는 기멸심과 번뇌를 초월해야 되는데, 욕정은 번뇌와 기멸심을 근원적으로 조장할 뿐입니다.

이 때문에 부처님께서는 출가한 스님들의 음행을 전적으로 금하신 것이고, 재가불자에게는 부부관계 외의 사음만을 금하도록 하신 것입니다.

옳지 않은 음행이 마음을 어둡게 하고 수많은 허물을 불러일으킨다는 것은 누구나 잘 알고 있습니다. 청순한 사랑을 넘어선 삿된 음행이 자신의 심성을 부정하게 만들고, 부정한 애욕의 결합이 자신을 파멸의 길로 이끈다는 것은 누구나 다 알고 있습니다.

이성에게는 언제나 청정심으로 대하십시오. 청정심으로 대하면 서로를 존중할 수 있고 서로를 살릴 수 있습니다. 서로를 죽이는 삿된 음행 속에 스스로를 묻어서야 어찌 참다운 사랑을 이룰 수가 있겠습니까?

④ 불망어不忘語는 망녕된 말을 하지 않는 것입니다.

'망녕된 말'이란 거짓말을 하거나 욕설 또는 독설을 내뱉거나 때에 따라 꾸며대는 부실한 말 등을 가리킵니다. 이러한 망녕된 말을 많이 하게 되면 진실의 종자가 싹을 틔우지 못할 뿐만 아니라 주위의 환경까지도 어지럽히게 됩니다.

반대로 진실한 마음을 쓰고 진실한 말을 할 때 '나'와 세상은 평화로워지고 아름답게 바뀝니다. 왜냐하면 진실한 말 속에는 참되고 아름다운 변화를 가져다 줄 수 있는 힘이 실려 있기 때문입니다.

그러므로 우리는 항상 참된 말을 하고 아름다운

말을 하고자 노력해야 합니다. 특히 사람들마다 지니고 있는 창조적 덕성을 긍정하고 칭찬하는 말을 기꺼이 해줄 수 있어야 합니다.

이제까지 우리는 수많은 율의계 가운데 중심이 되고 가장 중요시되는 근본4계를 살펴보았습니다. 이 네 가지 계율은 하나 하나가 우리의 불성과 깊은 관련이 있기 때문에, 잘 지키게 되면 그 공덕이 참으로 무량해집니다. 부처님께서도 말씀하셨습니다.

계율 잘 지키는 사람이야말로 공덕의 뿌리니라.
持律人卽是功德根 지율인즉시공덕근

'뿌리'가 무엇입니까? 모든 것을 거두어 잡는 생명의 근본입니다. 모든 공덕의 뿌리가 되는 계율을 잘 지키면 모든 법을 다 거두어 잡고 모든 나쁜 일을 멈추게 할 수 있습니다.

나쁜 일에 빠져들지 않으면 후회스러운 생각이 일어나지 않게 되고, 자기가 한 행위에 대해 후회가 없으면 참으로 잘했다는 생각을 가지게 됨과 동시에 환희심이 생겨납니다. 환희심이 샘솟으면 삶 자체가 편안하고 항상 즐거울 수밖에 없습니다.

결국 근심과 걱정이 없는 편안하고 즐거운 마음은 깊은 삼매 속에 몰입할 수 있도록 하며, 삼매가 이루어지면 지혜의 눈은 저절로 열리게 되는 것입니다. 이를 다시 한번 정리하여 봅시다.

계율을 잘 지키면 어떤 일이 전개되는가?

나쁜 일을 멈추게 하고 후회가 없으며, 환희심과 안락함과 삼매와 지혜의 눈이 저절로 갖추어지게 된다는 것입니다. 청정율행을 지킬 때, 세간의 좋은 일은 모두 모여들게 됩니다. 그뿐만이 아닙니다. 세간을 뛰어넘어 진리의 세계로 나아가게 됩니다.

가만히 우리들 주위를 둘러보십시오. 아주 특별한 수행이나 학식이 없을지라도 평생 계율 하나만 잘 지키며 살아오신 스님들은 '큰스님'으로 존경받습니다. 그리고 세월의 흐름 속에서 저절로 쌓이고 쌓인 그 스님들의 도력을 피부로 느낄 수 있습니다. 이는 섭율의계를 지닌 공덕이 어떠한 것인가를 단적으로 보여주고 있는 사례입니다.

섭선법계와 섭중생계

섭율의계보다 한 단계 높은 계는 **섭선법계**攝善法戒입니다. 왜냐하면 섭율의계는 그릇됨을 막고 악을 멈추게 하는데 목적을 두고 있지만, 섭선법계는 모든 선한 일을 남김없이 포용하여 실천할 것을 가르치는 계이기 때문입니다.

불교의 목표인 올바른 깨달음을 실현하려면 그릇됨을 막고 악을 그치도록 하는 계율을 지키는 것만으로는 불가능합니다. 계율로 정해진 것만을 지키는 것이 아니라, 보다 적극적으로 선행을 하고 더욱 열심히 수행해야 합니다.

비유를 하자면 섭선법계는 과일 나무에 거름을 주고, 열린 과일을 봉지로 싸서 벌레가 먹지 못하도록 보호하여 좋은 결실을 볼 수 있도록 하는 것과 같습니다. 계율의 한 조목조목을 단순히 지키기만 하는 것이 아니라, 깨닫겠다는 마음을 발하여 밝고 바른 법문을 배우고, 동요됨이 없는 선정을 닦아 지혜를 기르고, 영원히 물러서지 않는 불퇴전不退轉의 경지로 나아갈 수 있도록 하는 것이 섭선법계입니다.

그러므로 섭선법계를 지키는 사람들은 무엇보다도 '나'의 이기적인 굴레에 사로잡혀 있으면 진정한 선법善法을 이끌어낼 수가 없습니다.

'나'의 굴레를 벗어던지고 잘 용서하고 잘 사랑할 줄 아는 자만이 이 법계에 충만되어 있는 밝고 바른 법문을 나의 것으로 만들 수 있으며, 그와 같은 이가 생각하고 말을 하고 몸을 움직이는 것은 그대로 다 선행이 됩니다.

섭선법계를 이룸에 있어 무엇보다 중요한 것은 마음가짐입니다. 모든 것을 살리는 마음가짐으로 임해야 합니다.

❀

당나라 반규盤圭스님의 회상會上에서 있었던 일입니다.

어느 때부터인지 그 절에 머물러 있던 승려들의 돈과 물건이 자꾸만 없어지는 것이었습니다. 처음에는 누구의 짓인지를 알지 못하였지만 꼬리가 길면 잡힌다고, 한 승려가 물건을 훔치는 순간에 덮쳐서 붙잡았습니다.

대중스님들은 조실인 반규스님께 불투도계不偸盜戒를 어긴 그 승려를 벌할 것을 요구했습니다.

"용서해 주어라."

조실스님의 말씀인지라, 대중들은 거절을 하지 못하고 그의 참회만 받은 다음 함께 생활했습니다. 그러나 얼마 지나지 않아 그 승려는 또 도둑질을 했습니다. 이번에도 조실스님은 대중들을 말렸습니다.

"한번 더 용서해 주어라."

대중스님네는 불만이 많았지만 조실스님의 체면을 보아 또 참았습니다. 하지만 그 도둑승려의 버릇은 역시 고쳐지지 않았습니다. 또다시 도둑질을 한 것입니다.

세 번째로 그를 잡은 대중스님들은 크게 격분하여 조실인 반규스님께 몰려갔습니다.

"조실스님! 이 놈의 도심盜心은 구제불능입니다. 더 이상 용서하면 못된 버릇만 키워줄 뿐입니다. 계율대로 승복을 벗기고 산문 밖으로 내쫓아야 합니다.

"아니다. 다시 한번 용서해 주도록 하자."

"안됩니다. 스님! 벌써 몇 번째입니까? 스님께서

이놈을 쫓아내지 않으신다면 저희가 모두 나가겠습니다. 더럽고 깜깜한 마음을 지닌 자와는 함께 수행할 수 없습니다."

"하는 수 없구나. 그렇다면 너희들이 모두 나가도록 하여라."

뜻하지 않은 스님의 말씀에 대중들이 어리둥절해하자, 반규스님은 조용히 말씀하셨습니다.

"너희들은 하나같이 옳고 그른 것이 무엇인 줄을 아는 지혜로운 사람들이다. 지혜롭기 때문에 어디를 가든지 어느 곳에 있든지 잘 정진할 수 있을 것이다. 그런데 이 승려는 어떠하냐? 이 승려는 무엇이 옳은지, 무엇이 그른지조차 분별하지 못한다. 도둑질하는 것이 나쁘다는 것조차도 모르고 있다. 생각을 해보아라. 내가 만일 이 승려를 가르치지 않는다면 누가 가르치겠느냐? 누구도 이 승려는 가르치려 하지 않을 것이다. 너희들 모두가 이곳을 떠난다해도 하는 수 없구나. 나는 이 승려와 이곳에 머물면서 함께 살아갈 것이다."

도둑질을 일삼던 그 승려는 반규스님의 이 말씀을 듣고 바닥에 엎드려 참회의 눈물을 펑펑 쏟았습니다. 그 순간, 지겹도록 따라다니던 그의 도심盜心도 눈물과 함께 자취를 감추었습니다.

𑁍

반규스님과 같은 마음가짐으로 살면 섭선법계는 온전히 갖추어집니다. 모든 것을 살리는 마음가짐으로 용서하고 사랑하며 살아가십시오. 모든 업은 녹아내리고 복덕은 가득해집니다. 마음은 안정되고 지혜는 샘솟습니다. 부디 일체를 살리는 마음가짐으로 선행을 닦아 해탈의 길을 여는 섭선법계를 성취하기를 당부드립니다. 이제 마지막 섭중생계에 대해 살펴봅시다.

섭중생계攝衆生戒는 모든 중생을 남김없이 포용하여 이익을 주라는 계입니다. 나의 이익보다는 뭇 생명있는 이들을 이롭게 하고 해탈시키는 것을 목표로 삼고 있기 때문에, 이 계를 달리 요익유정계饒益有情戒라고 합니다.

이 계는 무조건적인 사랑에 기초를 두고 있습니다. 어디에서나 어느 때에나 중생과 한몸이 되어 그들을 생사해탈生死解脫의 세계로 이끌어 가고자 하는 것입니다.

따라서 이 계를 성취하기 위해서는 먼저 '모든 중생을 부처가 되도록 하겠다'는 대원大願 중의 대원을 발하여야 합니다. 곧 "지옥중생을 남김없이 다 제도한 다음에 나는 성불하리라", "한 중생이라도 성불하지 않는 이가 있다면 나 또한 성불하지 않으리라"고 하신 지장보살처럼 '대원의 본존本尊'이 되고자 해야 합니다.

그리고 섭율의계와 섭선법계를 잘 지켜 '원을 이룰 수 있는 힘[願力]'을 길러야 하고, 마침내는 무아無我의 경지에 이르러야 합니다. 이렇게 무아와 무심의 경지에 이르게 되면, 어디에서나 어느 때에나 중생을 잘 포섭하여 이익을 주고 깨달음을 주는 요익유정계를 발현시킬 수 있게 됩니다.

한 가지 예를 들어 보겠습니다.

약 2백년 전, 일본의 어느 절 아랫마을의 푸줏간 집 딸이 이웃 사내와 정을 통하여 아기를 갖고 말았습니다. 그 사실을 안 딸의 부모는 매를 들고 심하게 추궁했습니다.

"감히 처녀의 몸으로 어느 놈의 씨를 뱃속에 넣었느냐? 네 이년, 빨리 밝혀라. 내 그놈을 가만 두지 않겠다."

살기 등등한 부모님의 추궁에 딸은 사실대로 말하지 못하고 거짓말을 했습니다. 그대로 말하였다가는 자신도 그 남자도 살아남지 못할 것 같았기 때문입니다.

"윗절의 백은白隱 스님…."

부모의 노기는 사람들로부터 깊은 존경을 받고 있는 백은스님께로 옮겨갔습니다. 서슬이 시퍼런 얼굴로 백은스님을 찾아간 딸의 부모는 확인부터 했습니다.

"스님, 우리 딸이 스님의 아기를 가졌다고 하는데요?"

"아, 그래요?"

스님이 이렇게 답하자 딸의 부모는 온갖 원망과 저주를 퍼부었고, 큰스님으로 존경받던 백은스님은 그 순간부터 사람들의 손가락질을 받으며 살아야 했습니다. 그리고 몇 달 후, 딸이 사내아기를 낳자 딸의 부모는 아기를 안고 백은스님을 찾아와 말했습니다.

"당신의 잘못으로 생긴 당신의 아들이니 당신이 키우시오."

스님은 싫다 좋다는 말 한마디 없이 그날부터 놓고 간 아기를 안고 집집마다 찾아다니며 젖을 얻어 먹였고, 똥오줌도 받아주고 목욕도 시키며 정성껏 길렀습니다. 그렇게 1년여의 세월이 흘렀을 무렵, 모성애와 죄책감으로 견딜 수 없었던 딸은 부모님께 사실을 털어놓았습니다.

"아기의 아버지는 이웃 음식점의 남자입니다."

사실을 안 딸의 부모는 크게 당황해 했습니다. 딸의 허물이 문제가 아니라, 존경받던 큰스님을 파계승으로 전락시켰고 아기까지 키우게 하였기 때문이었습니다.

부모와 딸은 백은스님을 찾아가 자초지종을 밝히고 깊이 깊이 사죄하였습니다. 그리고 아기를 돌려줄 것을 청했습니다. 모든 이야기를 묵묵히 듣고만 있던 백은스님은 별다른 표정없이 말했습니다.

"아, 그래요?"

이 한마디와 함께 스님은 아기를 그들 품으로 넘겨주었습니다.

❧

"아, 그래요?"
백은스님처럼 기쁜 일에도 슬픈 일에도 한결같이 대할 수 있으면 섭중생계는 올바로 발현됩니다. '나'를 완전히 비운 무심의 경지에 들어서면 지계바라밀을 성취할 수 있게 됩니다.

> 내 이름을 듣는 이는 삼악도를 면하고
> 내 얼굴을 보는 이는 해탈을 얻네
> 　　聞我名者免三道　문아명자면삼도
> 　　見我形者得解脫　견아형자득해탈

바로 이 게송과 같은 경지에 이를 수 있게 되고, 걸림없는 자재행自在行으로 중생들을 교화할 수 있게 되는 것입니다.

이제 이상에서 살펴본 삼취정계를 다시 정리하여 봅시다. 섭율의계는 자기의 악행을 막고 번뇌를 끊는 자리행自利行이고, 섭선법계는 자리自利와 이타利他를 함께 겸하고 있으며, 섭중생계는 오로지 타인을 이롭게 하는 이타행利他行입니다.

나아가 삼취정계의 정신은 우리 불자들이 법회 때마다 외우는 사홍서원四弘誓願으로 곧바로 이어집니다.

모든 번뇌를 끊는 섭율의계는 '번뇌가 끝이 없지만 다 끊겠습니다(煩惱無盡誓願斷 번뇌무진서원단)'와 조금도 다를 바가 없습니다.

자리이타의 갖가지 법문을 배워 불도를 이루는 것을 목표로 삼는 섭선법계는 '법문이 한량없지만 기어이 다 배우겠습니다(法門無量誓願學 법문무량서원학)'고 한 맹세와 '불도가 위없이 높지만 기어이 다 이루겠습니다(佛道無上誓願成 불도무상서원성)'라고 하는 두 가지 서원의 의미를 담고 있습니다.

그리고 중생구제를 근본으로 하는 섭중생계는 '중생이 가없지만 기어이 다 제도하겠습니다(衆生

無邊誓願度 중생무변서원도)'고 하는 원과 일치하는 것입니다.

삼취정계는 대승보살 정신의 결정체입니다. 우리는 마땅히 삼취정계에 입각하여 자리이타自利利他의 보살도를 실천하며 살아야 합니다. 모든 악을 막는 섭율의계, 모든 선을 받들어 행하는 섭선법계, 모든 세계를 불국정토로 바꾸는 모든 중생을 부처님 되게 하고자 하는 섭중생계의 정신을 되새기며 우리는 다시 깨어나야 합니다.

계율은 우리를 속박하는 가르침이 아닙니다. 계율은 우리를 자유롭게 만들고 우리를 해탈의 길로 인도합니다. 계율은 바로 해탈법인 것입니다. 부디 부처님께서 정하신 계율의 참뜻을 되새겨, 진정한 지계행자持戒行者가 되고 지계바라밀을 성취하게 되기를 축원하고 또 축원드립니다.

나무마하반야바라밀.

인욕은 행복의 묘약

- 인욕바라밀 -

우리의 무대는 사바세계
역경을 뛰어넘는 인욕
순연(順緣)을 다스리는 인욕

우리의 무대는 사바세계

불교에서는 우리가 몸을 담고 있는 이 세계를 사바세계娑婆世界라고 합니다. 인도말인 이 '사바'의 뜻을 풀이하면, 잡된 것으로 뒤죽박죽 얽혀 있는 회잡會雜의 세계, 참지 않고서는 살아갈 수 없는 감인세계堪忍世界가 됩니다. 사바세계에 태어난 이상에는 잡된 일로 시달리기 마련이고 아무리 큰 복을 누릴지라도 인내하며 살아야 한다는 것입니다.

무엇을 참아야 하는가? 무엇보다도 나고 늙고 병들고 죽는 생로병사生老病死의 고통을 참아야 하고, 미운 사람과 만나는 괴로움, 사랑하는 이와 헤어지는 괴로움을 참아야 하며, 구하는 것을 얻지 못하는 데서 오는 괴로움을 참아야 합니다.

또는 우리를 비참하게 만드는 굶주림·의욕상실·비겁·공포·분노·슬픔·의혹 등의 번뇌를 잘 이겨내야 합니다.

그러나 사바세계라고 하여 괴로움과 번뇌만이 가득한 것은 아닙니다. 오히려 이러한 세계이기에 참된 행복과 해탈의 영역으로 보다 쉽게 접근할 수 있습니다. 고통과 번뇌의 결박을 분명히 느낄 수 있는 사바세계에 살기 때문에 잘 발심發心을 할 수 있고, 보다 빨리 행복과 해탈의 세계를 향해 나아갈 수 있습니다. 지금 이 자리에서 보다 좋은 삶, 보다 자유롭고 행복한 삶을 누릴 수 있습니다.

하지만 좋은 삶, 복된 삶, 자유로운 삶이 그냥 오는 것은 아닙니다. '이렇게 사나 저렇게 사나 어차피 한 세상'이라는 자세로 살면 삶의 모습을 결코 바꿀 수가 없습니다. 적극적인 사고방식으로 '나'를 찾아온 괴로움을 기꺼이 참으며 성실하게 살아야 새로운 활로活路가 보입니다.

지은 업業에 의해 몸을 받는 중생들…. 우리 인간을 비롯하여 날짐승·길짐승 등의 모든 중생은 자기가 지은 업대로 살게끔 되어 있습니다. 그러나 다른 중생들과 인간은 다릅니다. 천상·지옥·축생 등의 다른 중생들은 업을 받기만 하지만, 사람들은 업을 받는 것과 동시에 새롭게 개척하며 나아가는 능력이 있습니다. 새는 더워도 깃털을 감싸고 살아야 하지만, 사람은 더우면 옷을 벗어버릴 수가 있습니다.

바로 이 다른 점에서부터 인간은 향상의 기점을 찾아야 합니다. 우리가 비록 과거의 잘못으로 인해 곤란을 당하고 걱정 근심 속에서 살고 있지만, 우리에게는 한 생각 돌이킬 줄 아는 능력이 있습니다.

그 능력을 발휘해야 합니다. 지금의 고통을 자세히 관찰하면서 한 생각 돌이켜 볼 줄 알아야 합니다. 한 생각을 돌이켜 '지은 업을 기꺼이 받겠다'는 자세로 임할 때, 모든 업은 녹아내리고 행복은 찾아듭니다.

바로 이때 꼭 필요한 것이 인욕忍辱입니다. 인욕이 가미되지 않으면 절대로 업이 녹아내리지 않고 행복과 해탈의 길로도 나아갈 수 없습니다. 어느 누가 행복을 마다하겠습니까? 누군들 멋있게 살기를 바라지 않겠습니까? 하지만 한 생각 돌이킬 줄 모르고 참을 줄 모르면 복된 삶도 멋진 삶도 이룰 수 없습니다.

현대의 고승이신 경봉鏡峰스님은 늘 말씀하셨습니다.

"사바세계를 무대로 삼아 연극 한바탕 멋있게 잘 해야 한다."

한바탕의 멋진 연극! 어떻게 해야 이 사바세계를 무대로 삼아 한바탕의 연극을 멋있게 할 수 있을까요?

비극의 배역을 맡은 명배우는 마음속의 잡된 생각을 모두 비우고 눈짓 몸짓 그 마음까지도 송두리째 슬픔이 되어 연기를 합니다. 그저 우는 체하는 것이 아닙니다. 그냥 슬픔 그 자체가 되어 눈물을 짓습니다. 그렇게 되면 관객들은 따라서 눈물을 흘리고 갈채를 보냅니다.

그러나 이렇게 되기까지에는 많은 노력과 인내가 뒤따라야 합니다. 하고 싶은 것도 참고, 쉬고 싶은 것도 참고, 수많은 좌절과 고비를 넘어서다 보면 감동적인 연기가 저절로 나오게 됩니다.

사바에 사는 우리 또한 마찬가지입니다. 우리에게도 일정한 배역이 주어집니다. 스스로가 선택했건 운명의 힘이 내몰았건, 주어진 그 배역을 온몸으로 소화시킬 때 우리의 연극은 멋과 행복으로 연결됩니다.

하지만 물질에 대한 애착, 사람에 대한 지나친 갈망, 사랑과 미움이 눈앞을 가리고 있기 때문에 우리의 연기는 배역을 이탈할 때가 많습니다. 그것을 이겨내고 배역에 충실해야 합니다. 맡은 바 배역에서 결코 도망치려 해서는 안됩니다. 참고 또 참으며 정성껏 노력해야 합니다.

경봉스님께서는 이렇게 설법하셨습니다.

"이 사바세계를 살면서 가슴이 아프고 머리가 아픈 것은 결국 사람 아니면 물질 때문이다. 우리가 사바세계에 나올 때 머리 아프고 가슴 아프려고 나온 것은 아니다. 빈 몸 빈 손으로 옷까지 훨훨 벗고 나왔는데 공연한 탐욕과 망상으로 모든 근심 걱정이 시작되는 것이다. 진실대로, 자기 정성대로 노력하기만 하면 세상은 될 만큼 되는데, 진실도 정성도 모두 놓아버리고 망상이라는 도둑놈에게 붙잡혀 있으니 어떻게 근심 걱정을 하지 않을 수 있겠는가!"

스님의 이 법문처럼 우리는 일상생활 속의 도둑놈들을 이겨내어야 합니다. 탐욕과 성냄과 어리석음의 도둑놈, 팔만사천 번뇌망상과 분별하는 마음의 도둑놈…. 이 도둑들 때문에 머리가 아프고 가슴이 아파서 사바세계를 무대로 삼아 연극 한바탕 멋있게 할 수가 없는 것입니다.

주인노릇 하는 이 도둑은 반드시 쫓아내어야만 합니다. 도둑을 쫓아낼 그날까지는 기꺼이 인욕의 길에 들어서서 살아야 합니다.

인욕忍辱! 이것은 사바를 행복의 세계로 바꾸어 놓는 묘약妙藥입니다. 괴롭고 근심스러운 일이 있더라도 인내하면서 다 털어버리십시오. 인욕으로 고난을 뛰어넘어 쾌활하고 낙천적인 자세로 활기찬 생활을 해야 합니다. 현실의 고통을 능히 참고 능히 이겨내어, 바르고 참되고 활달하게 살아야만 행복과 해탈은 우리의 것이 될 수 있는 것입니다.

역경을 뛰어넘은 인욕

이제 육바라밀의 세 번째 덕목이요, 행복하고 자유롭고 멋있는 삶을 이룸에 있어 없어서는 안될 묘약인 인욕바라밀에 대해 구체적으로 살펴보도록 합시다.

보시바라밀을 재시·법시·무외시의 셋으로 나누고 지계바라밀을 섭율의계·섭선법계·섭중생계의 셋으로 나누었듯이, 인욕바라밀도 세 단계로 나눌 수 있습니다.

첫째는 욕됨을 참는 것. 곧 역경을 참는 것입니다.

한평생을 살다보면 '나'에게 맞지 않는 역경과 부딪히는 경우가 많고도 많습니다. 미운 사람과도 만나게 되고 마음에 들지 않는 일도 많이 생기게 됩니다. 그리고 때로 '억울하다' 싶을 정도의 원통한 일도 생깁니다.

그때 우리는 분노를 느끼거나 슬픔과 배신감에 빠져듭니다. 때로는 시기·질투·증오의 감정을 일으키기도 합니다. 이때가 고비입니다. 인욕으로 이때를 잘 넘겨야 합니다.

무슨 일이든 나에게 찾아드는 것은 까닭없이 찾아들지 않습니다. 그렇게 되게끔 되어 있는 무엇이 있기 때문에 찾아드는 것이요, 내가 당하게끔 되어 있기 때문에 당하는 것입니다.

이것이 법칙입니다. 이 법칙을 잘 새겨서 감정이 솟구치고 화가 치밀어 오를 때 한 걸음 물러서야 합니다. '업이니 기꺼이 받겠다'는 마음으로 참고 넘어서야 합니다. 참고 넘어서면 감정이 식은 다음 후회가 없고 평온이 찾아듭니다.

그런데 '나'의 자존심과 감정을 건드린다고 하여 짜증을 부리고 화를 내면서 맞불을 붙여보십시오. 업이 녹기는커녕 화를 낸 과보까지 함께 받아야 합니다. 이 경우 어떤 사람은 말합니다.

"성질이 나는데 어떻게 해!"

하지만 성질이라는 것이 무엇입니까? 바로 독기毒氣입니다. 사람이 짜증을 내고 화를 내게 되면 독기가 일어나고, 그 독기는 온몸과 내장으로 퍼집니다. 심하면 손발과 얼굴과 온몸이 붓는 경우도 있습니다. 결국은 누가 상하고 누가 죽습니까?

또 독기가 일어나면 손에 닿는 것마다 망가지고

상하게 됩니다. 기계를 만지면 기계가 고장나고, 돈을 다루면 돈이 흩어지고, 사람을 건드리면 온몸에 흐르는 살기 때문에 치명상을 입히거나 심하면 죽이는 경우까지 생겨납니다.

그리고 어머니가 화를 내거나 독기를 품으면 아기가 체하거나 열이 난다고 합니다. 오직 어머니만을 의지하고 있는 연약한 아기의 마음에 어머니의 독이 전달되어 열이 펄펄 끓거나 가슴의 기가 막혀 체하게 된다는 것입니다.

나아가 마음으로부터 꾸역꾸역 올라오는 독기를 계속 뿜어내게 되면 마침내는 지옥을 만들고 맙니다. 『능엄경』을 보면 다음과 같은 구절이 있습니다.

"도산지옥(刀山地獄, 칼산지옥)이 있다는데, 그 지옥은 어떻게 해서 생겨납니까?"

"모든 것이 나에게 맞지 않고 제 마음대로 되지 않으면 성을 내게 된다. 바로 성을 확 내는 순간 칼끝 같은 성질이 삐쭉 솟아나게 되고, 성내는 일이 많아지게 되면 무수히 많은 칼로 만들어진 칼산지옥이 생겨나느니라."

실로 우리가 성을 내게 되면 바로 그 순간에 칼끝 같은 날카로운 것이 튀어나와 남을 찌르고 나 자신도 찌르게 됩니다. 바로 이것이 칼산지옥이 생겨나는 원인이 되는 것이고, 죽고 나면 그곳에 떨어져 큰 고통을 당하게 된다는 것입니다.

그러므로 우리는 참고 살아야 합니다. 그 누구를 위해서도 아닙니다. 바로 나 자신의 행복을 위해 인욕해야 합니다. 누가 욕을 하더라도 상대방의 세 치 혀 끝에 놀아나서는 안됩니다.

부처님께서 왕사성王舍城의 죽림정사竹林精舍에 계셨을 때의 일입니다. 친척 중 한 사람이 출가하여 승려가 된 것에 격분한 바라문이 찾아와서 부처님께 추악하고 나쁜 욕설을 퍼부으며 항의하였습니다. 부처님께서는 노발대발하여 퍼붓는 그의 욕설과 비난을 묵묵히 듣고 계시다가 그가 조금 조용해지자 말했습니다.

"바라문이여, 그대의 집에도 간혹 찾아오는 손님

이 있을 것이요."

"그렇소."

"그때 손님에게 여러 가지 맛있고 좋은 음식을 대접할테지요?"

"물론이오."

"만일 그 손님이 차린 음식을 먹지 않는다면 그 음식은 누구의 것이 됩니까?"

"그렇다면 다시 나의 것이 되겠지요."

"바라문이여, 오늘 그대는 여러 가지 나쁜 말과 욕을 가지고 나를 대접하였소. 하지만 나는 그것을 받지 않았소. 그렇다면 그 욕과 비난은 다시 누구의 것이 되겠습니까?"

이 말씀을 듣고 문득 깨달은 바라문은 그 자리에서 출가하여 부처님의 제자가 되었고, 열심히 수행하여 마침내는 진리를 깨달은 성자가 되었습니다.

༄

누가 욕을 할지라도 받아들이지 않는다면 그뿐입니다. 흔들리지 않으면 문제는 저절로 해결됩니다. 욕하는 이를 상대하여 함께 움직이기 때문에 고난이 더욱 커지는 것입니다.

그런데 참고 싶은데도 어찌된 노릇인지 잘 참을 수가 없는 사람, 스스로의 감정을 도저히 주체하지 못하는 사람이 있습니다. 만약 스스로가 이러한 사람이라고 생각한다면 참회기도를 하십시오. 매일 절만 108배를 또는 불보살의 명호를 외우며 속으로 '잘못했음'을 염하십시오.

"잘못했습니다."

머리를 조아리며 되뇌이는 이 한마디가 성내고 시기하고 질투하고 원망하는 '나'의 진심瞋心을 녹이고 업장을 녹여줍니다.

그리고 현실적으로 역경이 닥쳐와 실의와 실패에 직면한 경우라 할지라도, 넉넉한 마음으로 용기를 잃지 않고 일어서야 합니다.

역경! 사람들 중에는 역경이 찾아왔다고 하여 좌절해버리거나 포기를 하는 이가 있습니다. 그러나 역경은 끝이 아닙니다. 오히려 역경은 기회입니다. 지난 업을 녹이고 새 세상을 열 기회입니다.

역경이 찾아왔을 때의 적은 결코 바깥에만 있지 않습니다. 가장 큰 적은 안에 있습니다. 좌절과 근심걱정 속에 파묻혀 깨어나지 않으려고 하는 우리의 마음가짐이 가장 큰 적인 것입니다.

 이 세상에서 가장 괴로운 것은 근심걱정 속에 파묻혀 사는 삶입니다. 스스로의 번뇌로 만든 근심걱정의 굴레에 갇혀 깨어나려 하지 않는 것이 인간을 가장 괴롭게 만듭니다. 근심걱정을 떨치고 일어서십시오.

 실패는 때때로 우리의 마음을 낙엽처럼 만듭니다. 땅에 떨어져 바람 따라 구르고 뭇 발길에 짓밟히는 낙엽! 그러나 그 낙엽도 비바람을 타고 벽공을 활기롭게 날 때가 있습니다. 낙엽도 벽공을 훨훨 나는데, 만물 중에 가장 슬기로운 사람이 역경 속에 빠지고 실패를 했다고 하여 근심걱정 속에 빠져서야 되겠습니까?

 그러한 때일수록 힘을 모아 정신을 가다듬어야 합니다. 새로운 승패는 평온한 마음을 되찾는 데 있습니다. 평온한 마음을 되찾아 생생한 산 정신으로 살아보십시오. '절후絶後의 갱생更生'이라고, 길이 끊어진 곳에서 다시 살아나게 됩니다.

 중요한 것은 역경을 두려워하지 않는 것입니다. 역경의 불이 사납고 흉악한 것이기는 하지만 결코 두려워할 것은 아닙니다. 인욕의 갑옷을 입고 넘어서면 오히려 역경의 불이 작용하여 참으로 훌륭한 삶을 이룩해낸다는 것을 명심하십시오.

더욱이 우리에게는 수많은 불보살님들이 함께하고 계시지 않습니까? 하는 일이 힘에 부치고 벅찰 때는 기도 등을 통하여 불보살님께 그 벅찬 마음을 바쳐보십시오. 마음이 평화로워지면서 쉽게 일이 풀립니다.

부디 뜻대로 되지 않는 일이 찾아들 때마다 인욕의 갑옷을 입고 이 사바의 무대 위에 서서 한바탕의 연극을 멋있게 하기를 당부드립니다. 이제 '순연順緣에 대한 인욕'을 함께 살펴봅시다.

순연順緣을 다스리는 인욕

❧

옛날 한 늙은 수행자가 있었습니다. 그의 소원은 성불成佛하는 것이었습니다. 그러던 어느 날, 꿈에 부처님이 나타났습니다.

"네 정성이 지극하니 너에게 성불할 수 있는 길을 일러주겠다. 네가 지금부터 말을 한 마디도 하지 않는다면 성불을 할 수 있을 것이다. 네 수명이 얼마 남지 않아 곧 염라대왕 앞에 나아갈 터이다. 그때 염라대왕이 어떤 시련을 가하더라도 절대 말을 해서는 안되느니라. 그 고비만 잘 넘기면 너는 반드시 부처를 이룰 것이다."

그때부터 이 수행자는 입을 딱 다물고 어떤 경우에도 말을 하지 않는 연습을 했습니다. 마침내 죽어서 염라대왕 앞에 나아갔는데, 염라대왕이 어떤 말을 물어도 절대로 대답을 하지 않았습니다. 그러자 염라대왕은 온갖 모진 고문을 하면서 말을 하라고 다그쳤습니다. 그러나 어떤 어려움, 고통이 있어도 성불하기 위해서는 참아야 한다는 일념으로 모진 고문을 다 이겨내었습니다.

　고문으로는 수행자의 입을 열게 할 수가 없음을 안 염라대왕은, 이번에는 온갖 방법을 동원하여 회유하였습니다. 말만 한 마디 하면 앞으로 영원히 부귀복락을 누리게 해주겠다는 감언이설에서부터 시작하여 아름다운 여인의 유혹에 이르기까지, 모든 방법을 사용했습니다. 그러나 수행자의 의지는 꺽을 수 없었습니다.

　"참으로 지독한 놈이구나. 안되겠다. 최후의 수단으로 그 말을 끌고 오도록 하라!"

　염라대왕의 지시가 떨어지기 무섭게 사자들이 암말을 한 마리 끌고 왔습니다.

　"이 말이 누군지 알겠느냐?"

　수행자는 고개를 저었습니다.

　"이 말이 바로 네 에미이다."

　놀란 수행자는 그럴 리가 없다는 표정으로 세차게 고개를 흔들었습니다.

　"네 에미인지 아닌지 어디 한번 보기로 하자. 여봐라. 시작하여라."

　사자들이 채찍으로 말을 마구 때리자 말이 정신을

잃고 쓰러지며 말했습니다.

"아들아, 나는 죽어도 좋으니 너는 절대 말을 하면 안된다…."

그 목소리는 바로 자기 어머니의 목소리였습니다. 더 이상 참을 수 없었던 수행자는 말을 껴안으며 소리쳤습니다.

"어머니!"

그 순간 모든 것이 사라져버리고 텅 빈 허공에서 부처님의 목소리가 들려왔습니다.

"은애恩愛의 덫을 벗어나지 못하였으니, 이제 성불하기는 틀렸구나!"

⸹

이는 역경을 참는 것보다 순경順境을 참는 것이 더 어렵고, 역연逆緣보다는 순연을 이겨내기가 훨씬 어렵다는 것을 일깨워주는 이야기입니다.

참을 인忍. 참는다는 것은 괴로운 것만 참는 것이 아닙니다. 즐거운 일도 참아야 할 것이 많습니다.

괴로움은 나에게 맞지 않는 역경입니다. 역경은 괴롭기 때문에 참기가 어렵습니다. 하지만 역경은 다가서는 모습이 분명하기 때문에 쉽게 감지할 수 있습니다. 따라서 마음만 굳건히 먹으면 능히 넘어설 수 있습니다.

그러나 즐거움은 다릅니다. '나'에게 맞는 순경이기 때문에 쉽게 빠져듭니다. 즐거움이 다가오면 너무나 좋아서 억제할 생각조차 하지 않는 경우가 많습니다. 순경이 역경으로 바뀌기 전까지는 순경 속에 빠져서 깨어나려 하지 않는 것입니다.

사람과의 인연에도 순연과 역연이 있습니다. 이 경우 자기와 반대되는 역연의 사람이 잘못되면 조금도 슬퍼하지 않지만, 사랑하는 순연의 사람은 조금만 잘못 되어도 크게 가슴 아파합니다. 역연의 사람을 만나면 조심하지만, 순연의 사람을 만나면 허물을 잊고 행동합니다.

이처럼 역경보다는 순경을 극복하기가 어렵고, 역연보다는 순연을 다스리기가 훨씬 어렵습니다. 그러므로 역경에 처했을 때보다는 순경을 맞이하였을 때 더욱 조심해야 하고, 순연일수록 주의를 기울여 잘 가꾸어야 합니다.

어떻게 가꾸어야 하는가? 먼저 한편의 이야기부터 음미해 봅시다.

한 부자가 정성껏 먹을 갈아 선애仙崖스님께 가훈으로 삼을 만한 글을 써줄 것을 부탁했습니다. 이에 선애스님은 붓을 잡고 여섯 글자를 그침없이 써내려 갔습니다.

'父死 子死 孫死'

아버지가 죽고 아들이 죽고 손자가 죽는다는 뜻의 이 글을 보고 부자는 경악을 금치 못해 스님께 따졌습니다.

"가훈으로 삼을 만한 글을 써달랬거늘, 어찌 이토록 심한 장난을 하십니까?"

"좋은 구절인데 왜 그러시오?"

"좋은 구절이라니요? 모두가 죽는다는데 좋다고 할 사람이 어디 있습니까?"

"생각을 해보시오. 만일 당신의 아들이 당신보다 먼저 죽으면 얼마나 비통하겠소? 또 당신의 손자가 당신 아들보다 먼저 죽는다면 어떻게 되겠소? 아버지가 죽은 다음 아들이 죽고, 아들이 죽은 다음 손자가 죽는 이 속에 참된 행복이 있다는 것을 왜 모르시오? 부유한 당신에게 있어 이것 말고 달리 더

구할 바가 있습니까?"

　설명을 들은 부자는 선애스님께 감사의 큰절을 올렸습니다.

§

　순연의 사람들! 우리는 사랑하는 가족과 가까운 사람의 행복에 대해 깊이 집착하고 지나치게 욕심을 부립니다. 그들만은 행복해야 하고 무조건 잘 되었으면 합니다. 바로 이것이 문제입니다. 오히려 순연이기 때문에 순리대로 살아야 합니다. 지나친 집착과 욕심은 순리를 거역할 뿐입니다. 순리대로 생각하고 순리대로 인연을 가꾸어야 합니다.

　가만히 되돌아 보십시오. '나'는 과연 내 가까이에 있는 순연들을 잘 가꾸고 있는지를….

　한평생 정을 나누며 사는 부부·부모·자식·형제 그리고 연인들. 그들은 깊은 인연으로 만난 소중한 존재들입니다. 따라서 당연히 서로를 이해하고 서로 양보하고 희생하면서 살아야 합니다.

　진정 좋은 순연이 계속되기를 원한다면 서로를 살려야 합니다. 의무와 애정만으로 사는 것이 아니라, 서로 서로 정신적인 진화를 이루고 남을 위하는 마음가짐으로 살도록 해야 합니다.

　무조건 잘 해주기만 하는 것은 순연을 오래도록 유지하는 방법이 아닙니다. 나쁜 일에 서로 동조하고, '우리' 밖에 모르는 우리의 성을 쌓아서는 안됩니다. '우리'라는 울타리를 치고 우리만 잘 살겠다고 하다보면 결국 그릇된 업만 키워 '우리' 모두가 죄악의 수렁으로 빠져들고 맙니다.

　자식을 너무나 사랑하는 부모가 그 사랑 때문에 자식이 원하는 모든 것을 다 해주면서 이기적으로 키웠다고 합시다. 베풀 줄도 지킬 줄도 참을 줄도 모르는 그 아이는 사회에 적응도 못할 뿐 아니라, 남은커녕 제 자신도 구제하지 못하는 비참한 존재로 전락하여 버립니다.

　이것을 어찌 사랑이라 할 수 있을 것이며, 순연이라고 할 수 있겠습니까? 진정으로 자식을 사랑하고 순연이 유지되기를 원한다면 우리의 자식들에게 깊은 사랑과 함께, 베풀고 지키고 참을 줄 아는 능력을 길러주어야 합니다.

　우리 불자들은 잘 알고 있을 것입니다. 흩어지고 모이는 것이 인연의 속성이라는 것을! 아무리 사랑하는 부부요 부모·자식 사이라 할지라도 인연이 다하면 헤어져야 합니다. 그렇지만 현세에 맺은 인연은 또 다른 씨가 되어 새로운 인연을 탄생시킵니다.

그러므로 바로 이 자리에서 더욱 마음을 기울여 지금의 순연을 잘 가꾸어야 합니다. 진정으로 서로를 살리는 일에 마음을 기울이고 노력을 아끼지 말아야 합니다.

그리고 순연의 사람들 사이에 감정상의 문제가 발생하거나 한쪽이 애를 먹이는 일이 있을 때는 평소보다 더 많이 인내하면서 곧고 깊은 생각으로 대처해야 합니다.

"어쩌면 저다지도 내 속을 썩일까? 아유, 내가 못살지, 못살아."

이렇게 자기 속을 끓일 것이 아니라 긍정적으로 풀어나가야 합니다.

"이제 또 하나의 업을 녹일 기회가 왔구나. 기꺼이 받자. 그리고 더욱 잘 하자."

결코 쉽지는 않겠지만 이렇게 생각하고 인내로 극복하여 순연의 뿌리가 더욱 굳건하게 자리를 잡을 수 있도록 하여야 합니다. 특히 인욕으로 매듭을 풀고 훌륭한 결실을 맺게 하기 위해서는 방편을 잘 써야 합니다. 방편을 잘 구사하여 역경과 순경 모두를 잘 극복하고 가꾸어야 합니다.

일찍 남편과 사별하고 홀로 외아들을 키우며 사는 과부가 있었습니다. 어머니는 외아들을 훌륭하게 키우는 것을 유일한 행복으로 여겼기에 갖은 고생을 마다하지 않았고, 아들도 어머니의 뜻을 거역함이 없이 잘 성장하였습니다.

그런데 고등학교 2학년이 되자 아들은 나쁜 길로 빠져들기 시작했습니다. 집안에 숨겨놓은 돈을 몰래 훔쳐 며칠씩 외박을 하였고, 걸핏하면 싸움질을 하여 어머니가 경찰서로 가서 데리고 와야 했습니다. 구슬리고 달래고 매도 때려보았지만, 아들은 더욱 옆길로 나아갔습니다.

절망 속에서 나날을 보내던 어머니는 스님을 찾아가 울면서 방법을 물었습니다.

"오늘부터 아들의 잘한 점을 기록하는 칭찬일기

를 써보시오."

　집으로 돌아와 어머니는 칭찬일기를 써보고자 했습니다. 하지만 아무리 생각해보아도 한심한 아들에 대한 칭찬을 적을 수가 없었습니다. 이튿날도 그대로 지나갔습니다. 사흘째 밤늦게까지 일기장을 붙잡고 '억지로라도 써야지' 하고 있는데 아들이 들어와서 잠을 잤습니다.
　"아, 오늘은 아들이 밤늦게 들어와서 잠을 잤다."
　들어와서 잠을 잤다는 것이 칭찬이었던 것입니다. 그 다음날에는 경찰서에서 오라는 말을 하지 않은 것을 칭찬하고…. 이렇게 매일 매일 쓰다보니 온통 칭찬할 일 뿐이었습니다.
　이렇게 한 달 가량 칭찬일기를 썼을 때 아들은 어머니 앞에 무릎을 꿇고 잘못했다며 용서를 빌었습니다. 그리고 열심히 공부하여 명문대학교에 입학하였습니다.

8

　왜 이렇게 변한 것일까요? 빗나가는 아들을 걱정할 때의 일그러져 있었던 어머니의 얼굴은 칭찬일기를 쓰면서부터 미소가 떠오르기 시작했습니다.

근심 걱정하고 미워하는 것이 아니라 칭찬을 하다 보니 얼굴이 바뀌었던 것입니다. 그리고 아들 역시 부드러워지는 어머니의 얼굴을 대하면서 차츰 마음을 바꾸게 된 것입니다.

※

 이제까지 우리는 현실 속에서의 인욕에 대해 함께 이야기하였습니다. 역경을 넘어서고 순연을 가꾸는 인욕! 이러한 인욕이 있으면 이 사바세계를 무대로 삼아 능히 성공할 수 있고 능히 행복해질 수 있습니다. 하지만 인욕바라밀에서 이야기하는 인욕의 끝은 이 땅에서의 성공이나 행복 정도가 아닙니다.
 인욕의 끝은 대자대비大慈大悲입니다. 순연順緣을 모두 넘어서고 모든 사람을 부처님으로 볼 수 있을 때까지 참고 또 참고 닦고 또 닦아서, 누구에게나 크나큰 사랑을 베풀고 모든 중생을 해탈의 길로 이끌어들이는 대자비의 삶입니다. 이에 대한 글은 훗날로 미루고자 합니다.
 우리는 불자입니다. 불자라면 마땅히 인욕의 갑옷

을 입고 살아야 합니다. 다가오는 역경과 역연을 인욕으로 극복하고 순경과 순연을 인욕으로 가꿀 줄 알아야 합니다.

　인욕이 없으면 행복도 없습니다. 인욕이 없으면 해탈도 없습니다. 능히 잘 참는 사람만이 긴 행복을 얻고 능히 해탈할 수 있습니다. 부디 인욕으로 새 사람을 이루고 새 세상을 열기를 당부 드립니다.

　나무마하반야바라밀.

정진으로 향상된 삶을
- 정진바라밀 -

정진바라밀이란

원(願)이 강해야 정진이 쉽다

용기를 북돋우며 정진하라

조급해하지 말고 최선을

정진바라밀이란

❂

 옛날, 한 군의관軍醫官이 전투 중에 다친 부상병을 치료해주고 있었습니다. 화살을 맞아 고통스러워하는 장군, 칼에 베어 피를 흘리는 병사, 풍토병으로 신음하는 사람들로 가득한 야전병원은 그야말로 전쟁터 이상으로 처절한 곳이었습니다.
 그 속에서 군의관은 부상병의 아비규환을 그의 의술로 다스려야 했습니다. 처음에는 그야말로 모든 성의를 다 바쳐 정신없이 환자를 돌보았습니다. 그리고 부상병들이 쾌차하는 것을 기쁨으로 삼고 고단한 줄도 모른 채 살았습니다.
 그런데 그의 치료를 받은 부상병들은 회복되기가 무섭게 전투에 투입되어 목숨을 잃거나 또다시 부상병이 되어 실려오는 것이었습니다. 이런 상황이 자꾸만 되풀이되자 군의관은 차츰 회의를 느끼기 시작했습니다.
 '그들의 운명이 이미 죽기로 정해져 있다면, 애써 그들을 치료하여 살려낼 이유가 무엇인가? 그들을 살려서 보다 나은 삶을 갖도록 하기 위해 치료하는 것인데, 그들은 또다시 전쟁터로 나아가 죽기까지 하니…. 차라리 내가 치료하지 않아 부상을 입은 상태로 살도록 하면 최소한 죽지는 않을 것을….'

생각을 하면 할수록 그는 '환자를 살리는 의사'로서의 명분을 잃어갔고, 자신의 모든 노력이 헛되게만 여겨졌습니다. 그에 따라 처음 최선을 다해 부상자를 치료했던 것과는 달리, 차츰 형식적으로 환자를 치료하는 무성의한 의사로 바뀌어 갔습니다.

마침내 그는 의사 노릇을 그만두고 깊은 산속에 있는 절로 들어갔습니다. 그리고 그 절에서 스님들과 함께 참선을 하며 몇 달을 보내다가, 어느 날 문득 깨달음을 얻었습니다.

"나는 의사이니까!"

그 길로 산을 내려온 그는 전쟁터로 나아가 열심히 열심히 부상병을 치료하였습니다. 조금의 회의도 갈등도 없이….

§

'나는 의사이니까!'

이것이 바로 정진精進의 기본자세입니다. 나의 소

명召命, 나의 의무, 이것이 확립되지 않으면 올바로 나아갈 수가 없습니다.

  우리도 살다보면 이 이야기 속의 군의관처럼 많은 갈등을 느끼게 됩니다. 스스로가 선택한 삶을 살면서도 수많은 회의와 갈등을 느끼며 살아갑니다. 그런데 무엇 때문에 갈등을 느끼고 방황을 합니까? 남 때문입니까? 환경 탓입니까?

  아닐 것입니다. 곰곰이 돌이켜보면 남 때문도 환경 탓도 아닐 것입니다. 그럼 무엇입니까? '나'의 삶, '나'의 나아갈 바에 대해 확고한 신념이 없기 때문입니다. 신념이 없기 때문에 흔들리는 것입니다.

  이야기 속의 군의관은 부상병들을 치료하다가, 완치된 병사들이 다시 전쟁터로 나아가 죽거나 큰 상처를 입는 것을 보고 회의를 느끼기 시작하였으며, 마침내 스스로가 일으킨 회의 때문에 부상자를 치료할 의미意味를 잃어버림과 동시에 의사의 신성한 의무마저 버리고 맙니다. 산사山寺로 들어간 그는 몇 달 동안 명상에 잠겼다가 스스로 깨어납니다.

  '나는 의사이니까.'

의사가 무엇입니까? 의사는 병들고 상처입어 죽

어가는 사람들을 치료하여 새 삶을 주는 신성한 의무 속에서 사는 사람입니다. 따라서 치료에 최선을 다하는 것은 의사의 소명입니다. 그런데 군의관은 회의에 빠졌습니다.

'죽어가는 목숨을 살려놓으니 다시 싸움터로 나아가 크게 다치거나 죽어버린다. 나의 치료는 무슨 의미가 있는가?'

물론 의미가 없을 수도 있고 깊은 회의에 빠져들 수도 있습니다. 하지만 잘 생각해보십시오. 병자들에 대한 치료 후의 삶까지 생각하는 것은 의사의 욕심이요 번뇌일 뿐입니다. 그 욕심과 번뇌가 군의관의 마음을 흔들었고, 마침내는 환자를 치료하는 기본 의무까지 팽개치고 깊은 산골의 절로 들어가게 만든 것입니다.

다행히도 그 의사는 산사에서의 명상을 통하여 스스로의 마음을 가라앉혔고, 마음이 고요해지자 밝은 깨달음을 얻게 됩니다. 하지만 그 깨달음은 특별한 것이 아니었습니다.

'나는 의사이니까!'

의사인 '나'의 할 일은 최선을 다하여 환자를 치

료하는 그 이상도 그 이하도 아니라는 것입니다. 살려 놓은 환자들이 다시 싸움터로 나아가 죽는 것을 보고 회의에 빠진 것 자체가 자기 의무 밖의 보상심리요 욕심이라는 것을 깨달은 것입니다.

그는 다시 싸움터로 되돌아가서 조금의 회의도 갈등도 없이 부상병들을 치료하였습니다. 의사로서의 소명, 의사로서의 신념을 되찾아 그의 의무를 성실히 수행한 것입니다.

이것이 바로 육바라밀 중 네 번째 해탈덕목인 정진精進입니다. 지금 내가 서 있는 이 자리에서 조금의 회의도 갈등도 없이 할 바를 하고 살면 정진바라밀精進波羅蜜을 성취할 수 있습니다.

정진! 그것은 특별한 수행이 아닙니다. 꼭 참선하고 염불하고 피나는 고행을 닦아야만 잘 정진하는 것이 아닙니다.

'옳은 일을 부지런히 행하면서 사는 것'이 정진입니다. 나와 남을 함께 살리면서 향상向上의 길, 행복의 길, 해탈의 길로 나아가는 것이 정진입니다.

지금 이 자리에서 내가 해야 할 바를 성심성의껏 하면서 살면 그것이 정진이요, 그렇게 살면 저절로 자유와 행복이 가득한 해탈세계〔波羅蜜〕를 이룰 수 있게 된다는 것을 결코 잊지 말아야 합니다.

원願이 강해야 정진이 쉽다

 물론 정진의 결실이 향상이요 행복이요 해탈이라는 것은 누구나가 다 알고 있습니다. 하지만 계속 정진한다는 것, 부지런히 실천한다는 것이 쉽지만은 않습니다. '의무를 다 해야지' 하면서도 때로는 혼자 손해보는 듯한 기분을 느낄 때도 있고, '성심성의껏 해야지' 하면서도 하기 싫고 짜증날 때가 있습니다.
 그럴 때는 먼저 자기의 원願부터 점검해 보아야 합니다. 원이 굳건하지 않으면 향상의 길로 열심히 매진할 수 없고, 원이 없으면 노력은 노력대로 하면서 흔들리고 방황하게 되기 때문입니다.
 잠시 한 토막의 꿈 이야기를 살펴봅시다.

 불면증으로 고생을 하는 중학교 여선생님이 있었습니다. 여선생님은 차츰 불면증이 심하여져서 약국에서 파는 수면제로는 잠을 이룰 수가 없게 되자 병원치료를 받기 시작했습니다.

어느 날 여선생님은 병원에서 진정제를 맞고 집으로 돌아와 잠들었습니다. 그때 방안에 있던 인형들이 갑자기 살아 움직이기 시작하더니, 잠들어 있는 주인을 바라보며 저마다 한마디씩 하는 것이었습니다.

먼저 양철로 만든 장난감 병정이 말했습니다.

"우리 주인은 일 욕심에 비해 노력이 부족한 것 같아. 남에게 뒤처지지 않으려면 모든 일을 지금보다 더 의욕적으로 해야만 해. 그럼 근심이 사라져서 잠도 잘 들텐데…."

그러자 둥근 공이 장난감 병정의 말을 받았습니다.

"아니야, 정반대라고. 우리 주인은 무엇이든 최고가 되어야 속이 시원한 사람이야. 그러니 안 지칠 수가 있겠어? 일이란 여유를 가지고 느긋하게 해야 하는 거야."

이 말을 들은 곰 인형은 말했습니다.

"그렇게 말하기야 쉽지. 우리 주인을 봐! 선생님 하랴, 세 아이 키우랴, 남편 시중들랴, 하루 스물 네 시간 쉴 틈이 어디 있니?"

장남감 기차도 한마디 거들었습니다.

"내가 보기에는 우리 주인이 너무 틀에 박힌 생활만 하고 있는 것 같아. 모든 것을 훌훌 털어버리고 여행이라도 한번 다녀오면 좋을텐데…."

"그래 맞아, 여행을 하면서 기분도 바꾸고 세상구경도 하고 오면 저렇게 잠을 자지 못해 괴로워하지는 않을 거야."

모두들 한마디씩 하였지만 유일하게 팽이만은 아무 말도 하지 않고 잠자코 있었습니다. 그러자 다른 장난감들이 일제히 팽이에게 한마디 할 것을 청하였고, 팽이는 마지못해 입을 열었습니다.

"솔직히 나는 할 말이 없어. 내가 어떻게 주인의 고민을 다 알 수 있겠어? 물론 주인과 나는 공통점이 없지 않아. 빠르게 움직인다는 점에서는 말이야. 하지만 나와 주인은 전혀 다른 점이 하나 있어. 나는 한 방향으로만 움직이는데, 그녀는 여러 방향으로 움직인다는 것이지."

"방향이라니?"

"나는 중심축을 중심으로 한 방향으로 회전할 뿐인데, 그녀는 중심축 없이 너무나 많은 방향으로 움직이고 있지 않니? 우리 주인에게도 삶의 중심축 같은 게 있으면 좋을텐데…."

여교사의 꿈에 등장한 인형들은 열심히 살면서도 정신적인 안정을 이루지 못하여 불면증에 시달리고 있는 주인을 나름대로 진단하고, 하나같이 그럴듯한 처방을 제시하였습니다. 보다 의욕적인 삶, 여유롭고 느긋하게, 여행을 통한 기분전환 등….

그러나 그 어떠한 것도 일시적인 처방은 될지언정 근원적인 처방은 되지 못합니다. 그럼, 근원적인 처방은 무엇인가? 바로 팽이가 말한 '삶의 중심축'입니다.

삶의 중심축! 그것이 무엇이겠습니까? 바로 원입니다.

원願! 원은 소원입니다. '바라는 바'입니다. 바꾸어 말하면 자기의 목적을 성취하기 위해 스스로 수립하는 기본적인 결심이 원입니다.

이 원을 불교에서는 발원·서원·행원·원력이라는 용어로 많이 표현합니다.

'내가 어떻게 하겠다'는 결심을 스스로 발하는 것

이기 때문에 '발원發願'이라고 하고, 원을 세움과 동시에 '어떠한 어려움이 있더라도 기필코 이루고야 말겠다'는 맹세〔誓〕가 뒤따르기 때문에 '서원誓願'이라 하며, 원을 성취하기 위해서는 반드시 실천행이 뒤따라야 하기 때문에 '행원行願'이라 합니다.

또 내면적인 원은 결코 원으로 그쳐서는 안됩니다. 원을 이룰 수 있는 힘이 뒷받침되어야 합니다. 이와같이 원과 힘〔力〕은 결코 분리될 수 없는 상관관계에 있기 때문에 '원력願力'이라 한 것입니다.

일찍이 부처님께서는 수많은 경전을 설하시면서, 모든 불자들에게 '원을 세울 것'을 간곡히 당부하셨습니다. 부처님께서는 왜 꼭 원을 세울 것을 당부하신 것일까요?

그 이유는 간단합니다. 원을 세우지 않으면 흐름따라 인생을 살게 됩니다. 그저 흐르는 대로 인생을 살다보면 방황을 하거나 유혹에 빠져 타락의 길을 걷게 되는 경우가 많습니다.

반대로 원을 세우고 원 속에서 살게 되면 자기 혁명과 자기 개발을 도모할 수 있습니다. 향상의 길로 정진할 수 있게 되는 것입니다.

원을 세워 거듭거듭 다짐하며 정진하면 힘을 모을 수 있게 되고, 힘이 모이면 흐르는 대로 살거나 무기력하게 사는 일이 없게 됩니다. 곧 보다 힘차게 행복의 길로, 해탈의 길로 나아갈 수 있도록 만들어 주는 것이 원입니다. 우리가 무기력 속에 빠져들거나 바른 삶의 자세가 흐트러질 때 제자리를 찾아주고, 뜻하지 않은 시련이 다가왔을 때 돌파구를 열어주는 것이 원願인 것입니다.

그러므로 정진하는 우리 불자들은 마땅히 원을 확립해야 합니다. 오랜 세월 동안 문제를 불러 일으켰던 그릇된 습관들을 고칠 수 있고, 고통의 씨앗이 된 이기심을 극복할 수 있는 원을 세워야 합니다. 능히 우리의 업을 녹일 수 있고, 우리에게 자유와 평화와 행복과 청정함을 안겨줄 수 있는 소원을 품어야 합니다.

특히 요즈음과 같이 온 나라가 여러가지 어려움과 어지러움에 휩싸여 있을 때에는 원을 세워 정진하는 것이 더욱 절실합니다.

만약 지금의 '나' 자신이 시련 속에 처하여 방황을 하고 있거나 무기력한 상태에 빠져 있다면, 또

다른 정진의 발걸음을 옮기기 전에 삶의 중심축이 될 수 있는 원부터 다시 세워야 합니다.

　원을 세웁시다. 삶의 중심축이 될 수 있는 원을 세웁시다. 원이 없으면 올바로 정진할 수가 없고 올바른 성취를 기대할 수 없습니다. 원을 세웁시다. 팽이처럼 한 방향으로 나아가는 원을 세웁시다. 원이 힘을 얻게 되면 원력願力이 되고, 원력으로 정진하면 목표에 도달하는 것이 그렇게 멀지 않기 때문입니다.

용기를 북돋우며 정진하라

그리고 정진하다가 힘이 들 때는 스스로 '나' 자신에게 용기를 북돋우어 주어야 합니다.

'나는 원도 분명하고 능력 또한 없지 않는데, 왜 이렇게 겁이 나고 앞으로 나아갈 수가 없는 것일까?'

만약 지금의 내가 이러한 상태에 빠져 있다면 억지로 나아가지 말고 스스로를 관조觀照하면서 용기를 북돋우는 시간을 가지는 것이 좋습니다.

한 가지 예를 들겠습니다.

일본 명치시대에 '대파大波'라는 이름을 가진 씨름선수가 있었습니다. 그는 코끼리와 같은 힘을 타고난 데다, 뛰어난 씨름 기술을 모두 익혔기 때문에 연습을 할 때는 스승도 그의 적수가 되지 못했습니다. 그러나 공식적인 시합에 참가하면 형편없는 기술의 후배들에게도 여지없이 지고 말았습니다. 겁을 집어먹고 시합에 임했기 때문입니다.

비탄에 잠긴 그는 이 문제를 극복하고자 구름처럼 물처럼 유랑하다가, 조그마한 암자에서 범상치 않은 스님을 뵈옵고 고민을 털어놓았습니다.

"그대 이름이 무엇인가?"

"대파大波입니다."

"대파? 거대한 파도란 말인가?"

"그렇습니다."

"바로 그것을 명심하게. 자네가 거대한 파도라는 것을!"

"예?"

"거대한 파도인 자네가 두려워할 것이 무엇인가? 이제부터 법당에 들어가 명상에 잠겨보게. 자네 자신이 거대한 파도가 될 때까지…."

그날부터 대파는 자신을 거대한 파도로 만드는 명상수행을 시작했습니다. 처음 얼마 동안은 수많은 잡념들이 일어나 마음을 모을 수 없었지만, 한 달이 지난 후부터는 조금씩 자신이 파도라는 느낌을 불러일으킬 수 있게 되었습니다.

석 달이 지난 어느 날, 깊은 명상에 잠긴 대파는 출렁거리던 파도가 밤이 깊어갈수록 차츰 거세지고 큰 파도로 변하고 있음을 느꼈습니다. 점차 커진 파도가 불단 위에 놓인 향로와 촛대와 꽃병 등을 삼켜버리더니, 마침내는 부처님과 법당마저 휩쓸어버렸으며, 새벽이 되었을 때는 절 전체가 출렁이는 파도 속을 떠다니고 있었습니다.

어느새 날이 밝았고, 깊은 명상에 잠겨 있는 대파를 바라보는 스님의 얼굴에는 잔잔한 미소가 피어났습니다. 스님은 대파의 어깨를 두드리며 말했습니다.

"해내었구나! 자네는 이제 큰 파도가 되었네. 앞으로는 어떠한 것도 자네를 불안하게 만들지 못할 것이야. 그냥 큰 파도가 되어 나아가게나."

그날, 스님을 하직하고 돌아온 대파는 전국씨름대회에 출전하여 승리하였으며, 그 뒤로 그를 이긴 사람은 나타나지 않았다고 합니다.

§

이 천하무적 씨름꾼 대파의 처음 경우처럼, 대부분의 사람들은 잘 정진할 수 있는 능력을 갖추고 있으면서도, 현재의 불안감과 앞일에 대한 두려움 때문에 스스로 포기하고 물러서는 경우가 많습니다.

정진을 해야 하는 줄 알면서도 정진을 남의 일처럼 생각해버리는 것입니다.

그러나 정진은 결코 남의 일이 될 수 없습니다. 그리고 정진은 결코 특별한 것이 아닙니다. 도를 닦거나 불법공부를 하는 것만 정진이 아니기 때문입니다.

바꾸어 말하면 정진은 우리의 인생 그 자체입니다. 더욱 맑아지고 밝아지고 깊어지면서 향상의 길로 나아가는 것이 정진입니다. 인간의 몸을 받아 한 평생을 살면서 이룩해내어야 할 소명이 정진인 것입니다.

그런데도 우리는 정진을 거부합니다. 왜 거부합니까? 마음이 흔들려 평화롭지 못하기 때문입니다. 불안하기 때문입니다. 바로 그때가 중요합니다. 그 불안한 마음을 차분히 돌아볼 줄 알아야 합니다. 대파의 경우처럼 스스로의 마음을 관조하여 용기를 불러 일으키고 평화로움을 되찾아야 합니다.

물론 내가 세운 목표를 향해 정진을 하다보면 외부로부터 다가오는 듯한 수많은 장애들이 앞길을 가로막기 마련입니다. 그때는 어떻게 해야 하는가?

어떻게 해야 수많은 장애를 뛰어넘어 올바로 정진할 수 있는가?

신라의 원효元曉스님께서는 "참회하고 권청勸請하고 수희隨喜하고 회향廻向하라"고 하셨습니다. 염불·참선·주력·경전공부·보시·지계·인욕 등의 불법공부도 좋고, 가정·직장·대인관계·돈벌이 등 어떤 정진이라도 좋습니다. 그 정진에 문제가 생겼을 때 참회·권청·수희·회향하면 문제가 차츰 풀어지고 장애가 점차 옅어져 잘 정진할 수 있게 됩니다.

그럼 어떻게 참회하고 권청하고 수희하고 회향할 것인가? 이들 하나하나에 대해 이야기해봅시다.

① 참회懺悔 : 참회는 몸과 말과 뜻으로 저지른 잘못을 뉘우치는 것입니다. 피해를 준 상대에게 직접 또는 불보살님께 절을 하거나 염불을 하면서 '잘못했습니다' 하면 참회가 이루어집니다. '내 잘못이 없는데 무엇을 참회해?' 이런 생각이 있으면 참회가 이루어지지 않습니다.

잘못이 없는 듯하더라도 걸리는 것이 있으면 무조

건 '잘못했다'고 할 줄 알아야 합니다. 상대가 내 자식이고 손아래 사람이라 할지라도 상관할 일이 아닙니다. 마음에 걸리고 무엇인지 모를 앙금이 남아 있으면 무조건 참회하십시오.

상대에게 직접 참회하지 못하겠거든 상대를 떠올리면서 마음속으로라도 '잘못했다'고 하십시오. 서로의 마음에 맺힌 것이 홀연히 사라지면서 서로 웃는 얼굴로 대할 수 있게 됩니다.

사람뿐만이 아닙니다. 보이지 않는 나의 업장 또한 마찬가지입니다. 부지런히 참회하다가 자기도 모르는 사이에 눈물을 흘리며 '잘못했습니다'라고 외칠 때, 업장이 녹아내려 참으로 잘 정진할 수 있게 되는 것입니다.

② **권청**勸請 : 권청은 불보살님께 '나'를 비롯한 모든 중생을 구제해 줄 것을 청하는 일입니다. 곧 부처님의 정법正法과 이 법계의 행복이 일체중생과 함께 하기를 기원하는 것입니다.

실로 우리 불자들 중에 기도를 해보지 않은 사람은 거의 없을 것입니다. 그리고 그 대부분의 기도는

'나'와 내 주위의 행복에 초점이 맞추어지고 있습니다. 그러나 이렇게 하여서는 진정한 큰 복이 깃들지 않습니다. 기껏해야 눈앞의 어려움이 해결될 뿐입니다.

 일찍이 모든 불보살께서 다함없는 복덕을 이룰 수 있었던 것은 '나'만의 행복이 아니라 일체중생의 행복을 기원하며 정진했기 때문입니다. 한번 마음을 모아 불보살님들처럼 권청해 보십시오.

 "일체중생에게 자비와 지혜와 평화와 대행복이 충만하여지이다."

 바로 이렇게 권청하며 사는 그 자체가 행복이요 정진이라는 사실을 잊지 마시기 바랍니다.

 ③ 수희隨喜 : 수희는 함께 기뻐하는 것이고, 기쁨은 감사할 줄 알 때 나옵니다. 마음으로 외쳐 보십시오.

 "부처님 감사합니다. 불법이여 감사합니다. 스님 감사합니다."

 우리는 불자이면서도 눈앞의 일로 가피를 입지 못하면 삼보에 대한 고마움이나 은혜를 느끼지 못하는 경향이 있습니다. 하지만 오늘의 우리가 불연佛緣 속에 젖어 있는 것 자체만으로도 크게 감사해야 할 일입니다. 불연뿐만이 아니라 현재의 세속인연 속에도 우리가 감사해야 할 것은 너무나 많습니다.

참회를 할 때 무조건 잘못했다고 하였듯이, '나'와 주변에서 일어나는 좋은 일들에 대해 무조건 '감사합니다'라고 해보십시오. 그 한마디와 함께 새로운 환희가 솟아나게 될 것입니다. 상대에 대해서도 시기나 질투심이 사라지는 것은 물론이요, '나는 왜 이럴까' 하는 부정적인 생각이 '나도 잘해야지' 하는 긍정적인 생각으로 바뀌게 됩니다.

이렇게 수희하며 살 때 우리는 잘 정진할 수 있게 되고 보다 넓은 부처님 나라에서 살 수 있게 됩니다.

④ **회향**廻向 : 회향은 스스로 지은 공덕을 다른 일에 돌리는 것으로, 크게 보리회향菩提廻向과 중생회향衆生廻向으로 나누어집니다. 예를 들어 내가 행한 보시·지계·인욕이나 참회·권청·수희한 공덕을 자신의 깨달음을 여는 밑거름이 되도록 하거나〔菩提廻向〕, 중생구제를 위해 쓰이도록 하는 것〔衆生廻向〕

을 말합니다. 곧 보리회향과 중생회향을 합하면 나도 깨닫고 남도 함께 깨닫는 자타일시성불도自他一時成佛道가 됩니다.

물론 스스로가 쌓은 공덕은 어디로 회향해도 좋습니다. 눈앞의 다급한 일이 있다면 그쪽으로 회향해야 합니다. 더욱이 특정인을 위하고 어떤 일을 위하여 기도하고 보시한 경우라면, 당연히 그 공덕을 특정인과 일 쪽으로 돌려야 합니다. 그러나 그렇게 회향한 다음에는 꼭 보리회향과 중생회향을 곁들이도록 하십시오. 그 까닭은 정진의 끝이 바로 자타일시성불도이기 때문입니다.

특히 모든 중생의 행복과 성불을 기원하는 회향에는 뚜렷이 정해진 대상이 없습니다. 그냥 일체중생일 뿐입니다. 일정한 대상이 아닌 뭇 생명있는 자의 성불과 행복을 위한 회향! 이 회향이야말로 '나의 이기적인 생각을 돌려서 보다 큰 무엇을 이루어낸다'고 하는 회향의 참 정신과 일치합니다.

꼭 이렇게 회향해 보십시오. 이러한 회향과 더불어 정진의 참 기쁨을 누릴 수 있게 될 것입니다.

조급해하지 말고 최선을

앞에서 우리는 정진을 돕는 여러 가지 가르침에 대해 살펴보았습니다. 이제 정진하는 불자들이 꼭 명심해야 할 사항 한 가지를 간략히 이야기하고자 합니다. 그 한 가지란, '절대로 조급해 하지 말라'는 것입니다.

정진하는 불자는 절대로 속히 이루고자 하거나 조급한 마음을 일으키지 않도록 해야 합니다. 참선하는 사람이 조급증을 내면 상기병上氣病에 걸려 평생을 고생하게 되고, 염불정진하는 사람이 조급증을 내면 뜻하지 않은 마구니의 장난에 시달리게 되는 경우가 많습니다.

모든 것은 할 수 있는 만큼만 하고, 될 만큼만 되는 법입니다. '좋은 일이니까 많이 많이 해야지' 하면서 욕심을 내어도 마음처럼 되는 것이 아닙니다. 그러므로 조급증을 내지 말고 편안한 마음으로 정진해야 합니다.

지금의 내가 현재 매진하고 있는 그 무엇 때문에 마음의 안정을 이루지 못하고 있다면, 오히려 그 무엇을 행하면서도 마음이 평온해질 수 있도록 스스로를 가꾸어야 합니다. 참회·권청·수희·회향 등을 통하여 마음을 평화롭게 바꾸어야 합니다.

조급하고 불안한 마음을 평온한 마음으로 바꾸면서 나아가는 것! 이것이야말로 매우 값진 정진이요 향상의 비결입니다.

한번 두 번, 하루 이틀만에 이루려 하지 말고, 천 번, 만 번, 십년 또는 평생을 하겠다는 자세로 느긋하고 평온한 마음으로 정진하십시오. 모든 것은 시절인연時節因緣이 있고, 때가 되면 저절로 무르익기 마련입니다. 절대로 조급증을 내지 마십시오. 한꺼번에 이루려 하지 말고 한 걸음 한 걸음 착실히 나아가면 자신도 모르는 사이에 최고의 목표에 도달하게 됩니다.

석가모니부처님의 주치의였던 기바耆婆선인이 의술을 공부할 때의 일입니다.

젊은 시절 기바는 한 스승 밑에서 꾸준히 의술을 익혔습니다. 몸과 마음을 바쳐 10년 동안 의술을 익힌 기바는 자신이 배운 공부가 어느 정도인지를 알기 위해 스승께 여쭈었습니다.

"사부님, 제가 사부님 밑에서 의술을 익힌지도 벌써 10년이 되었습니다. 사부님, 저는 앞으로 얼마나 더 배워야 의사가 될 수 있을까요?"

"오, 그래. 어디 네 실력이 얼마나 쌓였는지를 알아보기로 하자. 네가 어디로 가든지 좋다. 앞으로 사흘 동안 약초가 아닌 풀들만 찾아 캐어 오도록 하여라."

기바는 사흘 동안 이 산 저 산을 돌아다니며 약초가 아닌 풀들을 찾고 또 찾았으나, 아무리 살펴보아도 약초가 되지 않을 풀은 발견할 수가 없었습니다. 그는 사부님께로 돌아와 말했습니다.

"사부님, 사흘 동안 온 산천을 헤매었으나, 약초 아닌 풀은 구할 수가 없었습니다."

"그래, 되었구나. 그만하면 훌륭한 의사가 될 수 있겠다. 이제 세상으로 내려가 사람들을 치료하고 보살펴 주도록 하여라."

🕯

부처님의 주치의였던 기바선인처럼, 우리도 한결

같이 정진하고 또 정진하다보면 문득 자신도 모르는 사이에 문리가 터지고 완전히 익은 경지에 도달하게 됩니다.

결코 정진을 특별한 것으로 생각하지 마십시오. 지금 이 자리에서 번뇌 없이 갈등 없이 바른 길로 나아가며 최선을 다하면 그것이 최상의 정진입니다. 누구나 최선을 다하면 바라밀, 곧 피안의 저 언덕은 저절로 '나'의 것이 되고, '나'는 어느덧 그 언덕에 서 있게 됩니다.

이제 정진의 모범으로 삼을 만한 세 편의 이야기를 소개합니다. 잘 새겨보시기 바랍니다.

❦

노스님 한 분이 한여름 땡볕 아래에서 나물을 말리고 있을 때, 한 젊은 승려가 노스님께 다가와 물었습니다.

"스님, 올해 연세가 어떻게 되십니까?"

"예순 여덟살이라오."

"그 연세에 무엇하러 이리도 힘들게 일을 하십니까?"

"내가 여기 있으니까요."

"하지만 꼭 이 뜨거운 땡볕 아래에서 일을 하실 것까지는 없지 않습니까?"

"태양이 저기 있으니까요."

❦

"일일부작一日不作이면 일일불식一日不食이다." 하루 일하지 않으면 하루 먹지 않는다는 백장청규百丈淸規로 유명한 당나라의 백장스님은 여든이 넘은 고령에도 하루종일 일을 했습니다. 민망히 여긴 제자들이 연장을 숨겨 일을 못하게 하면 공양을 드시지 않았으므로, 편안히 계시게 하고 싶어도 별다른 도리가 없었습니다.

어느 날 제자인 운암雲巖선사가 백장스님을 찾아와 여쭈었습니다.

"스님께서는 도대체 누구를 위해서 매일 이렇게 일을 하십니까?"

"내 일을 필요로 하는 사람이 있다네."

"왜 그 사람이 스스로 일을 하게 두지 않으십니까?"

"그 사람을 시키면 그는 살아갈 집도 없을 걸세."

❀

당나라 때의 고승인 운암雲巖선사가 막 차를 끓이고 있는데, 사형인 도오道吾선사가 들어와 물었습니다.

"차는 왜 끓이느냐?"
"마시고 싶어하는 사람이 있어서요."
"그럼 그 사람에게 직접 끓이라고 하지?"
"마침 제가 여기 있으니까요."

❀

이 짤막한 세 편의 이야기야말로 어떠한 사람이 참으로 잘 정진하면서 살아가는 사람인가를 우리에게 깨우쳐 주고 있습니다. 더 이상의 번거로운 설명은 하지 않겠습니다. 이분들처럼 '지금 이 자리'에서 아무런 갈등없이 번뇌없이 정진할 수 있을 때까지 스스로를 갈고 닦고 맑히고 밝히고 깨쳐 나가도록 합시다.

나무마하반야바라밀.

평화로움을 되찾는 선정
- 선정바라밀 -

선정이란

선정력을 얻는 비결

마음의 파도 다스리기

긍정 속에 평화로움이

선정이란

❀

 옛날 어느 장군이 자기가 몹시 아끼는 골동품 다기茶器를 감상하고 있었습니다. 그런데 '아차' 하는 순간에 다기가 손에서 빠져나갔고, 장군은 바닥에 떨어져 깨어지기 직전의 다기를 가까스로 잡았습니다.
 "휴, 정말 큰일날 뻔했구나."
 숨을 몰아쉬는 장군의 온몸은 땀으로 범벅되어 있었습니다.
 '천군만마를 이끌고 전쟁터에 나가 수없이 죽음을 직면하면서도 겁먹은 적이 없었던 내가, 조그마한 골동품 찻잔 하나에 이렇게까지 놀라다니….'
 장군은 '사랑하고 미워하는 애증愛憎의 마음'이 자기를 그토록 놀라게 했다는 것을 깨닫고, 그 다기를 멀리 던져버렸습니다.

☙

 생각을 할 수 있는 인간은 위대합니다. 그 생각으로 갖가지 물건을 만들어 사용하고, 사랑을 나누고, 다른 생명까지 능히 살려낼 수 있기 때문입니다.

동시에 생각하는 동물인 인간인지라, 참으로 안타깝고 불쌍할 때가 많습니다. 그 생각들이 만들어낸 세계에 갇혀 괴로워하거나, 뿔뿔이 흩어지는 생각들을 좇아 정처없이 흘러가기 때문입니다.

마음에서 일어난 이 한 생각을 어떻게 다스리느냐에 따라 우리 인간은 발전도 하고 퇴보도 합니다. 향상의 길로도 나아가고 타락의 길로도 빠져듭니다. 신라의 원효元曉스님께서는 말씀하셨습니다.

일심의 바깥에 별다른 법이 없건만
무명으로 일심을 미혹되게 하여
갖가지 파도를 일으키고 육도를 흘러다니네
　　一心之外　更無別法　일심지외 갱무별법
　　但有無明　迷自一心　단유무명 미자일심
　　起諸波浪　流轉六道　기제파랑 유전육도

일심은 마치 바다와 같습니다. 넓고 깊은 바다는 무궁무진한 보배들을 간직하고 있고 모든 것을 있는 그대로 받아들입니다.

하지만 그 바다는 고요하고 평화롭고 아름답기만

한 것이 아닙니다. 큰 파도가 칠 때의 바다는 오히려 말할 수 없는 공포의 대상이 됩니다.

바다의 파도, 그것을 우리의 마음에 대입하면 번뇌요 망상妄想이 됩니다. 바람 때문에 생겨난 파도가 또다른 파도와 부딪히며 어디인지도 알 수 없는 길을 쉬임없이 달려가듯이, 상相을 좇아 일어난 우리의 망상도 끊임없이 옮겨가며 우리를 괴롭힙니다.

망상! 거짓되고 허망하다는 뜻의 '妄' 자와 생각 '想' 자로 이루어진 이 망상이 강하면 강할수록, 우리의 인생은 깊은 괴로움 속으로 빠져들고 더욱 허망한 결과를 맞이하게 됩니다. 정녕 망상이 없으면 우리의 인생은 파도없는 바다처럼 아름답고 평화로워질 수 있습니다.

바로 이것이 선정입니다. 마음의 파도가 사라져 평화로움을 회복해가는 것이 선정입니다. 곧 선정은 마음이 안정되었다는 말입니다.

흔들림이 없는 마음, 고요한 마음, 집중된 마음, 맑은 마음, 바른 마음, 편협됨이 없는 마음, 안정된 마음을 이룬 것을 선정이라고 합니다.

그리고 어떠한 환경 속에 처하여서도 흔들림 없이

안정된 마음을 유지할 수 있는 이가 있다면 그는 선정 속에 머물러 있는 사람입니다.

 선정을 잘 이룬 분은 출세간出世間뿐만 아니라 세간에서도 종종 찾아볼 수 있습니다. 그 예로써 선종 최대의 전적인 『종경록 宗鏡錄』100권을 저술한 연수(延壽, 904~975)스님의 출가 전 이야기를 함께 살펴보도록 합시다.

❦

 연수스님은 어릴 때부터 불교를 깊이 신봉하였고, 특히 선禪에 조예가 깊었다고 합니다. 일찍이 벼슬길에 올라 지방의 태수太守로 있던 어느 해, 전무후무한 흉년이 들어 백성들은 기아飢餓에 허덕이고 있었습니다.

 태수는 아사餓死 직전의 위기에 있는 불쌍한 백성들을 구출할 방법을 찾았으나, 국법을 어기지 않고서는 그들을 구할 수 있는 길이 없었습니다. 그 유일한 길은 군량미로 사용하고자 비축해 놓은 곡식을 방출하는 것이었습니다.

 그러나 군량미를 방출하기 위해서는 왕의 윤허를

얻어야 하고, 수만 리 밖의 장안으로 찾아가 윤허를 얻는 사이에 백성들은 수없이 죽어갈 판이었습니다. 태수는 스스로의 뜻을 분명히 하고, 창고의 문을 열어 곡식을 백성들에게 고루 분배함으로써 그들의 목숨을 살렸습니다.

그러나 법이란 한 점의 사私도 없는 법. 빗발치는 상소에 오월국吳越國의 문목왕文穆王은 국법을 어긴 태수를 처형하라는 명을 내렸습니다. 마침내 태수는 형장으로 끌려나갔고, 형장 주위에서는 인산인해를 이룬 온 고을 주민들이 땅을 치며 통곡했습니다.

"우리 태수님이 무슨 죄가 있단 말이오? 죄가 있다면 우리 목숨을 구한 죄밖에 없소."

"착하고 밝으신 우리 태수님을 죽인다면 이 나라의 법은 죽은 법이나 다름이 없소."

"제발 태수님을 살려주시오. 우리를 위해 법을 어겼으니 우리가 대신 죽겠소."

그러나 죽음을 앞에 둔 태수는 한마디의 변명도 하지 않았고, 너무나 태연한 모습으로 형에 복종하였습니다. 모든 것을 지켜본 형리는 마음속 깊이 탄복하여 태수에게 물었습니다.

"죄없이 억울하게 죽는데 어찌 그리도 태연하오? 그대는 죽는 것이 좋소?"

"나는 죽음을 좋아하지도 싫어하지도 않소."

"한갓 미물도 죽기를 싫어하거늘, 어째서 그대는 죽음을 싫어하지 않는다는 것이오?"

"마땅히 해야 할 일을 하였으면 그뿐! 어찌 죽고 사는데 마음을 두리오."

형리는 잠시 형집행을 정지하고 모든 사실을 문목왕에게 알렸습니다. 왕은 크게 감격하여 특별사면을 명하고 하사품과 함께 태수의 선정善政을 표창하였지만, 태수는 모든 것을 떨쳐버리고 출가를 하였습니다.

༄

바른 일, 마땅히 해야할 일을 하였던 태수의 마음에는 조그마한 파도도 없었습니다. 언제나 편안한 마음을 유지하는 안심입명安心立命의 경지에 있었습니다. 그야말로 자기를 위해 도사릴 것도 백성을 위해 버릴 것도 없는 분이었기에 죽음 앞에서 너무나 초연하였고, 뒷날 출가하여 11종宗의 조사로 추앙받기까지 한 것입니다.

선정력을 얻는 비결

그럼 어떻게 하여야 평화로운 마음, 흔들림 없는 안심입명의 경지에 이를 수 있는가?

이러한 선정을 이루는 방법에는 여러 가지가 있습니다. 고요히 앉아 호흡에 모든 의식을 집중하는 방법에서부터, 염불을 하거나 주문을 외우는 방법, 불경을 읽는 간경법看經法, 화두를 들면서 마음을 닦는 참선법 등이 있습니다. 또 아낌없이 베푸는 보시, 몸과 말과 뜻을 잘 단속하는 지계持戒, 모든 중생을 부처님 대하듯이 하며 사는 인욕忍辱의 길로 꾸준히 나아가는 것도 평화로움을 이루는 방법입니다.

바꾸어 말하면 기도·염불·간경·참선·보시·지계·인욕 그 모두가 선정을 이루는 공부요, 번뇌망상을 극복하여 마음을 맑히고 삼매三昧를 이루는 공부가 바로 '정학定學'인 것입니다.

참선·염불·보시·지계…, 무엇을 하여도 좋습니다. 오직 새겨야 할 것은 지극한 마음으로 몰아붙여야 한다는 것입니다.

지극한 마음으로 하면 반드시 통하는 법이요, 통하면 마음이 안정되고 밝아지기 마련입니다. 정녕 어느 때에나 흔들림 없는 선정을 이루고자 하면 꼭 지극한 마음으로 임해야 합니다.

그 누구도 지극한 마음으로 하는 사람은 막을 수 없습니다. 아무리 지독한 업장業障이 있다 할지라도 전심전력을 다하는 사람은 이길 수가 없습니다. 지극한 마음으로 행하다 보면 번뇌망상이 홀연히 사라지면서 똘똘 뭉쳐진 수행의 순수한 기운만 남게 되며, 그 기운이 모든 장애를 뚫고 끝까지 나아가 안심입명의 경지를 이루게 하는 것입니다.

수행의 걸림돌이 되는 것은 다른 어떠한 것도 아닙니다. 결국은 '나'의 자세입니다. 지극한 마음으로 성의를 다하면 장애는 저절로 사라지고, 평화로움은 찾아들게 되어 있습니다. 오히려 문제는 적당히 하고 적당한 선에서 그만두는 데 있습니다.

중국 청나라 때의 철주鐵舟스님은 깊은 산 속 암자에서 홀로 선정을 닦다가, 문득 모든 것이 공空한 경지에 젖어들었습니다. 이에 공부를 다 마쳤고 생각한 철주스님은 전국의 고승들을 찾아 한껏 도를 뽐내며 다녔습니다.

어느 날 상국사相國寺에 들러 독원獨園선사와 마주 앉은 철주스님은 자기가 깨달은 바를 의기양양하게 떠벌리기 시작했습니다.

"마음과 부처와 중생, 이 셋은 모두 공空한 것이며, 모든 현상의 본질 또한 공한 것입니다. 하물며 깨달음과 어리석음, 범부와 성인, 베풀고 받을 것이 어디 있겠습니까?"

아무 말없이 묵묵히 듣고만 있던 독원선사는 갑자기 앞에 놓인 목탁채를 들고 철주스님의 머리를 때렸습니다.

"아야! 왜 때려요?"

젊은 철주스님이 소리치며 화를 버럭 내자, 독원선사는 빙긋이 미소를 띠며 말했습니다.

"모든 것이 다 공이라며? 그럼 화 잘내는 그 성질은 어디에서 온 것이냐?"

순간 자기의 공부가 다 익지 않았음을 깨달은 철주스님은 독원선사 밑에서 수년 동안 다시 용맹정진하여, 어디에서나 어느 때에나 동요됨이 없는 깊은 선정력을 이루었습니다.

🙜

이 철주스님의 경우처럼, 혼자만의 착각 속에서 마음공부를 적당히 하여서는 안됩니다. 완전히 자리가 잡힐 때까지 꾸준히 공부를 지어가야 합니다.

참선·염불 등의 마음공부를 할 때는 물론이요, 사업을 하거나 사랑을 나눌 때도 문제가 되는 것은 자리를 잡지 못하는 데 있습니다. 자리를 잡기 위해서는 여러 고비를 넘기고 또 넘겨야 합니다. 마치 아이들이 글씨를 배울 때처럼 거듭거듭 반복하여 완전히 익혀야 합니다.

아이에게 처음 글씨를 가르칠 때는 연필 잡는 법에서부터 시작하여 자음 모음 하나하나를 흉내내어 써보게 합니다. 아이는 연필을 이상하게 잡기도 하고 글씨도 비뚤비뚤 이상하게 씁니다. 손놀림이 마음대로 되지 않는다며 투정도 부립니다.

하지만 차츰 익혀 요령을 습득하게 되면, 글씨의 모양이 반듯해질 뿐만 아니라 말하는 소리만 듣고도 능히 받아 쓸 수 있게 됩니다.

이처럼 마음공부를 하는 사람도 정성을 모아 꾸준히 행하다 보면 공부의 요령을 터득하여 차츰 자리를 잡게 되고, 마침내는 선정삼매에 들어 완전한 평화로움을 얻게 됩니다.

그러므로 마음공부가 흔들림 없는 안정된 자리를 잡을 때까지 우리는 애쓰고 또 애를 써야 합니다. 의식하고 있는 동안만이 아니라 무의식의 상태에서도 저절로 화두가 들리고, 염불이 끊이지 않는 자리에 이를 때까지 끊임없이 노력해야 합니다.

진짜 문제는 적당히 공부하다가 도중 하차하여 방황하는 데 있습니다. 정녕 마음공부를 하다보면, 이상하게도 자신이나 가정 등에 뜻밖의 사건이 터지는 경우가 많습니다. 그리고 그 뜻하지 않은 사건 때문에 마음이 약해져 정진을 포기하는 사람들이 많습니다.

그러나 이때를 잘 넘겨야 합니다. 참으로 중요한 고비는 바로 이때입니다. 오랜 생각 끝에 무엇인가를 이루기 위한 공부를 시작하였다면, 진정한 평화로움이 깃들 때까지 밀고 나아가야 합니다.

'모든 일은 인연따라 일어났다가 인연따라 멸한다. 올 것은 오게끔 되어 있고 받아야 할 업보는 언젠가 받아야 한다. 이것이 무서워 공부를 포기하면 나는 영원히 향상의 기회를 얻지 못한다. 오히려 지금의 일은 업이 소멸되고 있음을 알려주는 소식이다. 이번 목표를 이룰 때까지는 어떠한 일이 일어날지라도 결코 포기하지 않으리라.'

이렇게 스스로에게 다짐하며 끝까지 밀고 나아가야 합니다. 그런데 참으로 묘한 것은 이렇게 밀고 나아가 고비를 넘기고 나면 모든 것이 제자리로 돌아온다는 것입니다. 내 마음이 자리를 잡고 내 몸이 자리를 잡게 되면 가족도 직장도 모두 제자리를 잡게 됩니다. 일부러 원 위치로 되돌리려 애를 쓰지 않아도 있어야 할 자리로 돌아오게 되어 있습니다.

왜 그럴까요? 이 법계法界의 법칙이 그렇게 되어 있기 때문입니다. 부디 이 법칙을 잘 명심하고 스스로를 끊임없이 점검하여 선정의 공부를 잘 성취하시기 바랍니다.

마음의 파도 다스리기

 이제 마음의 평화로움을 얻는 선정 수행을 할 때 초심자들이 가장 많이 걱정하는 번뇌망상에 대해 이야기해 보도록 합시다.
 기도나 참선 등을 행하다 보면 평소에 느끼던 것보다 번뇌망상이 훨씬 더 많이 일어나는 것을 감지하게 됩니다. 제가 있는 불교신행연구원으로도 많은 분들이 문의해옵니다.
 "번뇌 때문에 정성스런 기도를 할 수가 없다. 이렇게 번뇌 속에서 기도해도 되느냐?"
 "망상이 많아 참선이 되지 않는다. 어떻게 번뇌를 다스려야 하느냐?"
 참으로 우리의 수행에 있어 번뇌망상은 '미운 오리 새끼'입니다. 번뇌망상만 없으면 금방이라도 염불삼매에 젖어들어 소원을 성취하고, 화두삼매에 들어가 깨달음을 얻을 것 같은데, 번뇌망상 때문에 제대로 되는 것이 없기 때문입니다.
 그럼 어떻게 하여야 '미운 오리 새끼'인 이 번뇌망상을 잘 다스릴 수 있을까?

불법수행을 하는 대부분의 불자들은 우리 마음의 파도인 번뇌망상을 적敵이나 원수처럼 생각하고 번뇌망상과 싸움을 합니다. 번뇌망상을 없애기 위해 몹시 애를 씁니다.

하지만 번뇌망상은 파도와 같고 구름과 같습니다. 한결같은 일심의 바다에 바람따라 생겨났다가 자취 없이 꺼지는 파도와 같고, 맑디맑은 하늘에 홀연히 일어났다가 스르르 흩어지는 한 조각의 구름 같은 것이 번뇌망상입니다.

그 파도를 누가 잠재울 수 있습니까? 뜬구름을 누가 흩어버릴 수 있습니까? 때가 되면 저절로 꺼지고 저절로 흩어지는 것이 파도요 구름입니다.

오히려 우리는 그 번뇌망상이 밖에서 온 것이 아님을 분명히 알아야 합니다. 우리들 일심의 바다에서 생겨난 파도요, 마음의 하늘에서 일어난 구름임을 알아야 합니다. 그 파도 역시 바닷물이요, 구름이 있는 곳 또한 하늘이라는 것을 알아야 합니다.

중국 선종의 제2조인 혜가대사慧可大師는 달마대

사達磨大師를 찾아가 한쪽 팔을 끊어보이는 깊은 신심을 보이고 제자가 되었습니다. 그러나 달마대사와 함께 있다고 하여 번뇌망상이 사라지는 것은 아니었습니다. 마음의 평화로움을 얻을 수 없었던 혜가스님은 달마대사께 간절히 가르침을 구하였습니다.

"스님, 저의 마음은 아직도 편안하지 않습니다. 자비를 베푸시어 저의 마음을 편안하게 하여 주십시오."

"그렇다면 너의 그 편안하지 않은 마음을 이리 가져오너라. 내 너를 위해 편안하게 하여 주리라."

"스님, 그 마음은 볼 수도 없고 만질 수도 없고 얻을 수도 없는 것입니다. 어떻게 이 불안한 마음을 꺼내어 바칠 수 있겠습니까?"

"나는 이미 너의 마음을 편안하게 해주었느니라."

이 말씀 끝에 혜가스님은 도를 깨닫고 안심입명安心立命의 경지를 이루었습니다.

♨

번뇌망상과 불안한 마음, 그리고 불안한 마음과 평온한 마음…. 분명히 명심하십시오. 어떠한 번뇌망상도 마음 밖에서 온 것은 하나도 없습니다. 그런데도 우리는 삼매를 이루고 선정을 이루어야 한다고 하면서 번뇌망상과 싸우는 수행을 합니다.

왜 우리는 일심의 바다에, 마음의 하늘에 나타난 번뇌망상을 원수처럼 싫어하고 미워하고 없애려고 애를 씁니까? 저절로 사라질 번뇌망상을 왜 굳이 잡고 싸워야 합니까?

번뇌의 속성은 순간적으로 일어났다가 사라지는 것입니다. 번뇌망상은 실체가 없는 것이기 때문에, 벗하지 않고 내버려두면 저절로 사라지기 마련입니다. 반대로 집착하고 없애고자 하면 끊임없이 꼬리를 물고 일어나는 것이 번뇌망상입니다.

그러므로 번뇌망상이 일어날 때 다시 화두를 의심하거나 염불에 집중하게 되면, 번뇌망상은 저절로 사라지고 집중으로 인한 삼매의 힘이 생겨나 평화로움을 이룰 수 있게 됩니다.

그리고 또 한 가지, 불법수행 중에 번뇌망상이 많이 일어난다고 하여 걱정할 필요는 조금도 없습니다. 오히려 그것은 너무나 당연한 현상입니다. 평소의 생활 속에서보다 번뇌망상이 더 많아진 것이 아니라, 기도가 되고 있고 참선이 조금씩 되고 있기 때문에 번뇌망상이 많은 듯이 느껴지는 것일 뿐입니다.

우리의 몸과 마음을 탁한 물이 담긴 항아리에 비유해 보십시오.

평소 '나'의 항아리는 생존경쟁 속에서 심하게 요동을 치고 있습니다. 돈과 이성과 출세와 명예, 그리고 스스로가 필요하다고 생각하는 것들을 좇아 심하게 흔들리고 있습니다. 하지만 일상적인 삶 속에서는 항아리와 항아리 속에 담긴 물이 함께 움직이기 때문에 그 물이 심하게 출렁이고 있다는 것을 쉽게 느끼지 못합니다.

그러나 참선·염불 등의 수행을 통해 항아리를 움직이지 않게 고정시켜 보십시오. 바로 그때 항아리 속의 물은 어떻게 됩니까?

항아리는 멈추었지만 물은 계속 출렁입니다. 오히려 얼마 동안은 평소에 느껴보지 못했던 강한 출렁임 속에 젖어들게 됩니다. 하지만 시간이 더욱 흐르면 물의 출렁임도 차츰 멎게 되고, 물이 고요해짐에 따라 물 속의 찌꺼기도 서서히 가라앉게 되는 것입니다.

 따라서 참선·염불·기도 등의 수행을 할 때 번뇌망상이 일어나는 것을 절대로 두려워하지 말아야 합니다. 비록 마음의 파도인 번뇌망상이 심하게 일어나 방해를 할지라도 당연한 것으로 받아들이면서, 거듭거듭 마음을 모아 기도하고 참선을 하게 되면, 차츰 선정의 힘[禪定力]을 얻어 평화롭고 아름다운 기운을 두루 뿜어낼 수 있게 됩니다.

긍정 속에 평화로움이

 이제 마지막으로 우리 불자들이 생활 속에서 선정을 얻어 평화롭게 사는 데 도움이 될 수 있는 한 가지 사항에 대해 간략히 살펴보고자 합니다.

『보적경 寶積經』제37권에는 좋은 말인 양마良馬와 둔한 말인 노마駑馬에 대한 법문이 수록되어 있습니다.

 "아난아, 이 세상에는 네 가지 종류의 말이 있다. 가장 훌륭한 양마良馬는 채찍을 휘두르는 그림자만 보아도 똑바로 내딛고, 두 번째 말은 채찍이 털끝을 스칠 때 달리며, 세 번째 말은 몸에 채찍이 떨어져 아픔을 느껴야만 달린다. 마지막 네 번째 말은 노마駑馬라, 아픔이 골수에 사무치도록 모질게 때려야 달리느니라."

 이 짧은 법문을 대하면서, 우리들 자신은 이 네 종류의 말 가운데 어떤 말이 되었으면 합니까? 대부분의 사람들은 양마이기를 원합니다. 가장 훌륭한 말이 되지 못한다면 그 다음의 훌륭한 말이라도 되고 싶어하는 것이 당연한 욕망일 것입니다.

그러나 불법수행을 하는 불자들 중에는 자신이 '남달리 빼어난 자질을 갖춘 사람이었으면….' 하는 욕망 때문에 공부를 이루지 못하거나 평화로움을 잃는 경우가 많습니다.

우리 인간은 결점 투성이요 부족 투성이입니다. 누구나 결점과 부족은 솔직히 받아들여야 합니다. 나 뿐만이 아니라, 나의 자식·부모·형제·친구·스승 등의 결점과 부족한 점도 긍정할 줄 알아야 합니다. 기꺼이 받아들이고 긍정하면 그만큼 더 평화로움을 얻을 수 있게 됩니다.

하지만 그 결점과 부족한 점을 솔직히 시인하려 하지 않으면, 우리는 언제까지나 결점과 부족 투성이의 옷을 입고 살 수밖에 없습니다.

그러므로 무엇보다 먼저 결점을 긍정하고 받아 들여야 합니다. 그리고 그 결점들이 고쳐질 때까지 반복의 노력을 끊임없이 기울여야 합니다. 적어도 자신의 결점에 대해서는 약삭빠른 양마가 아니라, 둔

하디 둔한 노마가 되어 시련과 아픔을 극복하며 살아가야 합니다. 길을 찾는 마음으로 스스로를 일깨우고, 스스로의 진실을 체험하며 살아야 합니다. 그것이 불법수행이요 불자의 삶입니다.

정녕 노마는 시련과 인연이 깊습니다. 그래서 우리는 닥쳐오는 시련을 교묘하게 빠져나가는 약삭빠른 양마가 되고자 할 때가 많습니다. 그러나 스스로가 해결해야 할 일을 일순간 피한다고 하여 마음이 평화로워질 수 있습니까?

근거없는 일은 '나'에게 찾아오지 않습니다. 피하는 이상 평화로움은 없습니다. '나'보다 더 약삭빠르고 '나'의 도망침을 허락하지 않는 '나'의 업業이 '나'를 앞질러 가서 기다리고 있다가 더 큰 문제를 안겨준다는 것을 잊어서는 안됩니다. 오히려 이런 때일수록 마음을 모아 지난 업을 녹이며 시련을 극복해야 합니다.

다시 한번 스스로를 되돌아 보십시오. 극복하기 힘든 번민과 시련과 핍박 속에 처하게 되었을 때, 불자인 '나'는 부처님 전에 절을 하고 '지심귀명례至心歸命禮'를 합니까? 단정히 앉아 참선을 하고자 애써봅니까?

물론 그렇게 하기는 쉽지가 않습니다. 그러나 우리는 기도하고 염불하고 지심귀명례를 할 수 있어야 하고, 평소 이상으로 열심히 참선을 하고자 노력해야 합니다.

우리는 불자입니다. 눈치빠른 양마이기보다는 어지간한 채찍도 대수롭지 않게 받아들이는 노마의 불자가 되고, 순경에서나 역경에서나 흔들림 없는 마음가짐으로 지심귀명례를 할 수 있고 참선을 할 수 있는 우둔한 불자가 되어야 합니다.

바로 이 속에 선정의 길이 있고 평화로움이 있습니다. 부디 스스로를 긍정하고 현실을 긍정하면서 고요한 마음, 흔들림 없는 마음, 평화로운 마음 속의 선정바라밀을 만끽하며 살게 되기를 깊이 축원드립니다.

나무마하반야바라밀.

지혜의 완성

- 반야바라밀 -

반야란 무엇인가

반야의 발현은 공의 체득에서

회향을 잘하면 반야바라밀을 이룬다

반야란 무엇인가

반야바라밀般若波羅蜜은 '반야를 통하여 해탈의 저 언덕에 이른다'는 말입니다. 그럼 반야般若는 무엇인가?

반야는 지혜知慧입니다. 이 반야의 범어梵語 원어는 프라즈나(prajñā)로서, 생명의 본질을 체득하였을 때 저절로 나타나는 '근원적인 예지'를 뜻합니다. 곧 영원한 생명력 속에서 무한한 행복을 누리며 자유롭고 평화롭고 맑게 살 수 있게끔 하는 지혜가 반야인 것입니다.

'지혜 지智' 한 글자로 뜻이 압축되는 반야! 하지만 이 반야는 우리 인간의 상식으로 생각하는 지혜의 범주를 한 차원 넘어서고 있습니다. 비유를 하자면 반야의 지혜는 해[日]와도 같습니다. 『화엄경』에서는 반야의 지혜를 이렇게 표현하고 있습니다.

"반야의 지혜는 마치 해가 솟아 비치는 것과 같다. 소경은 눈이 없기에 그 빛을 보지 못하지만, 햇빛의 혜택은 여전히 받는다. 반야의 광명도 항상 비치고 있지만, 믿음이 없고 진리를 이해하지 못하고 그릇된 방법으로 살아가는 소경과 같은 중생은 반야의 태양을 보지 못한다. 그러나 그들 역시 반야지혜의 혜택 속에서 살아가고 있다."

이처럼 반야의 지혜는 태양과 같이 분별이 없는 무분별지無分別智요, 분별이 없기 때문에 절대적이고 보편타당하며, 평등하고 원만한 지혜입니다.

실로 태양과 같이 밝은 반야의 '智'는 '알 지知'자와 전혀 다릅니다. '知'는 '화살 시矢'에 '입 구口'를 더한 글자로, 화살처럼 귀로 들어왔다가는 입으로 나가버려서 내 속에 오래 머물지도 않고 진정한 나의 것도 되지 못합니다. 곧 '知'는 제 나름대로 알아서 써먹는 분별지(分別智, vijñana)에 불과합니다.

그러므로 불교에서는 평범한 인간들의 판단능력인 분별지와 이 반야의 지혜를 구별짓기 위해, '프라즈냐'를 특별한 뜻을 지닌 단어로 의역意譯하지 않고 범어를 음역音譯한 '반야'라는 말을 그대로 사용하고 있는 것입니다.

그럼 반야의 지혜는 구체적으로 어떠한 것인가? 불교에서는 '사지四智'인 대원경지·평등성지·묘관찰지·성소작지로서 반야의 지혜가 어떠한 것인가를 설명하고 있습니다.

첫째, **대원경지**大圓鏡智는 이름 그대로 '크고 둥근 거울과 같은 지혜' 입니다.

조그마한 거울에는 영상이 조금밖에 비치지 않지만, 크나큰 거울〔大鏡〕에는 모든 영상이 비춰집니다. 모난 거울은 한쪽만을 비출 수 있지만 둥근거울〔圓鏡〕은 사방을 다 비출 수 있습니다. 보통의 거울은 사물만이 비추어지지만 염라대왕 앞의 업경業鏡은 지난 세상에 지은 업이 비추어지고, 대원경大圓鏡에는 마음 속의 생각까지 그대로 다 비추어집니다.

이와 같은 대원경지를 성취하면 이 법계의 모든 진리를 남김없이 다 알 수가 있고, 일체 중생의 마음속 일을 동시에 꿰뚫어 볼 수가 있습니다. 허공처럼 맑고 밝은 이 지혜가 모든 곳에 두루하여 있기 때문에 '나'와 인연있는 사람은 물론이요 전인류, 네 발 달린 짐승이나 꿈틀거리는 미물들의 마음까지도 낱낱이 비추어 볼 수 있는 것입니다.

둘째의 평등성지平等性智는 평등한 마음으로 비추어 보는 지혜, 조그마한 차별심 없이 비추어 보는 지혜입니다.

해와 달은 차별없이 빛을 비춥니다. 누구는 예쁘니까 더 많은 빛을 주고, 누구는 미우니까 조금만 빛을 주는 법이 없습니다. 그저 한결같이 빛을 주고 또 줄 뿐입니다.

하지만 우리는 '차별'로써 살고 있습니다. 나와 남을 차별하고, 내 가족과 남의 가족을 차별하고, 인간과 다른 생물을 차별하고, 이 세상과 저 세상을 차별합니다. 입으로는 끊임없이 차별심을 일으키며 살아가고 있습니다. 바로 이 차별심이 평등한 반야지혜의 광명을 가리워 버립니다.

불교에서는 '누구에게 벌받았다', '누가 복을 준다'는 등의 말을 하지 않습니다. 왜입니까? 오직 '나' 스스로가 만들어낸 번뇌의 구름 때문에 행복과 불행이 결정되기 때문입니다. 그러므로 번뇌의 구름이 벗겨지면 태양과 같은 반야지혜의 광명은 조금도 모자람 없이 '나'에게 비춰집니다.

허물은 '나'에게 있는 것이지 결코 다른 쪽에 있는 것이 아닙니다. 되고 안 되고의 열쇠는 내 쪽에서 쥐고 있는 것이지 다른 쪽에서 쥐고 있는 것이 아닙니다. 차별심을 버리고 평등성을 회복하면 반야지혜는 곧 나의 것이 됩니다.

옛날 중국 유주幽州의 반산盤山에서 수행했던 보적선사寶積禪師는 어느 날 시장의 정육점 옆을 지나다가 주인과 손님의 대화를 듣게 되었습니다.

"주인장, 이 집의 돼지고기 중 최상품으로 한 근만 썰어주시오."

"예예, 손님. 저희 집의 고기는 모두가 최상품입니다."

이 말을 듣는 순간 보적선사는 도를 깨쳤습니다.

'모두가 최상품'이라는 말에 반야지혜를 얻어 해탈을 이룬 보적선사의 이야기를 통하여 평등성지의 참뜻을 능히 깨달을 수 있을 것입니다.

세 번째의 **묘관찰지**妙觀察智는 과거·현재·미래의 아주 세밀한 것까지 남김없이 관찰하는 지혜입니다. 2천5백년 전, 부처님의 『화엄경』에서 이렇게 말씀하셨습니다.

"내가 한 방울의 물을 관찰하니 8만4천 마리의 벌레가 있구나〔吾觀一滴水 八萬四千蟲〕."

"우리의 몸에는 팔만 개의 털 구멍이 있고, 하나 하나의 털 구멍마다 구억 마리의 벌레가 살고 있다〔我身中有八萬毫 一一名有九億蟲〕."

이러한 말씀이 오늘날 과학적으로 다 입증이 되고 있습니다. 뿐만이 아닙니다. 부처님은 묘관찰지로 과거·현재·미래의 일을 다 꿰뚫어 보셨습니다.

『대집경』 등에는 부처님이 열반에 든 뒤 5백년이 지났을 때, 천 년이 지났을 때, 2천5백년, 3천5백년이 지났을 때 이렇게 될 것이라는 말씀이 아주 자세하게 기록되어 있습니다. 대처승이 생기고 교단이 어떻게 된다는 등의 불교관계만이 말씀하신 것이 아닙니다. 일상의 일도 많이 말씀하셨습니다.

"이쪽 사람이 가만히 서서 손가락만 움직이면 저쪽 사람이 죽는다."

"겨드랑이에 날개를 붙여 하늘로 날아다닌다."
"이제까지는 땅만 파먹고 살았지만, 앞으로는 허공을 파먹고 사는 세상이 온다."
"나중에 한 방울의 액체만 먹고도 살 수 있고, 팔만 펴면 그냥 날아다닐 수 있는 시대가 도래한다."

이 예언들처럼 권총이나 레이저 광선총들이 발명되어 서로를 죽이고, 행글라이더를 타고 날기 시작했습니다. 원자·전자를 이용하여 공기 속에서 영양분을 추출하는 작업도 이루어지고 있습니다. 머지 않아 사람이 슈퍼맨처럼 날아다니는 세상도 올 것입니다.

우리도 부처님처럼 반야의 묘관찰지를 얻게 되면 과거·현재뿐만 아니라 미래도 남김없이 꿰뚫어 볼 수 있는 시방세계의 모든 국토를 남김없이 관찰할 수 있게 되는 것입니다.

마지막 **성소작지**成所作智는 하는 것마다 모두 성취하는 지혜, 하려고 마음먹었던 것을 다 되게하는 지혜입니다. 곧 내가 나를 마음대로 할 수 있는 지혜입니다.

바꾸어 말하면 눈(眼)·귀(耳)·코(鼻)·혀(舌)·몸(身)·마음(意) 등의 감각기관을 바르게 사용하여 훌륭한 일들을 이루어내는 것입니다.

눈으로는 모든 것을 잘 관찰하는 천안통天眼通을 이루고, 귀로는 세간의 모든 소리를 잘 들을 수 있는 천이통天耳通을 이룰 수 있습니다. 그리고 과거·현재·미래를 꿰뚫어 볼 수 있는 숙명통宿命通, 남의 마음을 읽는 타심통他心通, 어디에나 마음대로 갈 수 있는 신족통神足通, 모든 번뇌를 끊는 누진통漏盡通 등의 육신통六神通을 능히 이룰 수 있습니다.

또한 눈이 색色에 현혹되고 귀가 소리에 미혹되고 코가 냄새를 좇아가고 혀가 맛있는 것을 찾고 몸이 감촉에 휘말리고 마음이 분별경계에 집착하는 상태에서 벗어나, 눈으로 깨닫고 귀로 깨닫고 코로 깨닫고 혀로 깨닫고 몸으로 깨닫고 마음으로 깨닫게 된다면, 그야말로 '나'의 삶은 보시·지계·인욕·정진·선정·반야의 육바라밀행으로 탈바꿈하게 되는 것입니다.

반야의 발현은 공의 체득에서

이제까지 우리는 사지四智로써 반야지혜의 구체적인 모습이 어떠한 것인가를 살펴보았습니다.

이 네 가지 지혜를 마음대로 활용하는 분은 부처님뿐입니다. 그러나 이 지혜가 부처님께만 있는 것은 아닙니다. 모든 중생에게도 이 지혜는 있습니다. 왜냐하면 반야지혜를 한마디로 표현하면 '본래의 깨달음'이기 때문입니다.

곧 내가 본래부터 갖추고 있는 지혜가 반야입니다. 다만 감추어져 있어 부처님처럼 자유롭게 활용할 수 없을 뿐입니다. 탐貪·진嗔·치痴 삼독三毒이나 교만·의심·고집 등의 티끌 속에 묻혀 빛을 발현시키지 못하고 있는 것입니다.

그런데도 중생들은 삼독이나 교만 등의 먼지를 털어낼 생각은 하지 않고 '나'에 집착하는 무명만을 키워갑니다. 나와 너로 편을 가르고 벽을 쌓아 더욱 어둠 속으로 빠져들어갑니다.

정녕 이렇게 살면서 무명의 업장만 키워간다면 다가오는 과보는 너무나 명확해집니다. 굳게 닫혀 있는 지옥의 문도 그 업의 힘은 능히 열 수 있습니다. 불지옥도 칼지옥도 뱀지옥도 능히 만들어냅니다. 어찌 두려워할 일이 아니겠습니까?

세월은 우리를 기다려주지 않고 늙음은 빨리 옵니다. 지금 마음을 되잡아 반야의 지혜를 발현시켜 나아가지 않는다면 결과는 자명해집니다.

그럼 어떻게 해야 원래부터 갖추고 있는 반야의 지혜를 발현시켜 영원한 생명력 속에서 무한한 행복을 누리며 자유롭고 맑게 살 수 있게 되는가? 무엇보다 먼저 '내가 공空'임을 체득해야 합니다.

공空! 하지만 공은 말로만 되는 것이 아닙니다. 생각으로만 되는 것도 아닙니다.

❋

약 백여 년 전, 저명한 학자 한 분이 남은南隱스님을 찾아가서 물었습니다.

"스님, 불법佛法이 무엇입니까?"

스님은 답을 하지 않고 묵묵히 차를 만들어 학자의 잔에 따르기 시작했습니다. 그런데 스님은 잔에 차가 가득 찬 다음에도 계속해서 차를 따랐습니다.

철철 넘치는 차를 바라보다 더 이상 참을 수 없게 된 학자는 소리쳤습니다.

"스님! 차가 넘치고 있습니다. 그만 따르시지요."

스님은 그때서야 비로소 말문을 열었습니다.

"이 찻잔과 같이, 그대의 마음이 나름대로 생각과 고집으로 가득 채워져 있거늘 어떻게 불법이 무엇인지를 일러줄 수 있겠소? 먼저 '나'의 찻잔을 완전히 비우지 않는다면…."

⋆

이 이야기 속의 학자처럼, 불법을 '나'의 것으로 만들고자 하는 자는 무엇보다 먼저 나름대로의 생각이나 '나'의 관념부터 비워버려야 합니다. 자기 나름대로의 생각과 고집을 마음에 가득 담고 있는 이상에는 결코 공空을 체득할 수가 없고, 공을 체득하지 못하면 반야지혜를 성취할 수가 없습니다.

그럼 공空이란 무엇인가? 말 그대로 비어있다는 것입니다. 빈 찻잔이 되어있다는 것입니다. 하지만 비어 있다고 하여 없는 것은 아닙니다. 있으면서도 없고 없으면서도 있는 것. 그야말로 색즉시공色卽是空이요 공즉시색空卽是色입니다.

이것을 '바람〔風〕'에 비유해 봅시다. 바람은 보이지 않으므로 어디에도 없는 듯합니다. 그러나 부채로 부치면 없던 바람이 일어나 우리를 시원하게 만들어줍니다. 눈에 보이지 않아 없는 듯한 바람이 어디에나 있어서, 불러일으키면 시원한 바람을 언제나 선사하는 것입니다.

우리의 마음자리도 이와 같습니다. 있다고 하자니 보이지가 않고, 없다고 하자니 이것이 작용하여 사람을 좋게도 만들고 궂게도 합니다. 얼마나 묘한 일입니까? 그래서 이 마음의 조화를 '진공묘유眞空妙有'라는 단어로 표현합니다.

"참으로 공한 가운데 묘하게 있다."

이 진공묘유의 법은 써도 써도 비어 있어서 허망하지 않습니다. 이 공한 기운은 결코 새어나가는 일이 없기 때문에 언제나 든든하고 가득하고 원만합니다. 그렇기 때문에 언제나 기쁨과 즐거움이 충만되어 있습니다. 곧 법열法悅이 가득한 것입니다. 텅 빈 가운데 가득한 법의 기쁨, 삼매의 즐거움….

그런데도 우리는 빈 찻잔이 되어 있어야 할 마음자리에 무엇인가를 채우려고 애를 씁니다. 눈에 보이지는 않으나 허공에 꽉 차있는 바람처럼 필요할 때 불러일으켜 쓰면 될 터인데, 따로 바람보따리를 가지고 다니려 합니다. 빈 찻잔이 되어서는 살 수 없는 듯이 생각합니다.

여기에 중생의 착각이 있습니다. 이 착각 때문에 중생은 힘들게 살 수밖에 없습니다. 왜입니까?

대부분의 사람들은 자신이 '나'의 기운으로 살아가는 듯이 생각합니다. '나'의 노력과 '나'의 능력으로 살아간다고 생각합니다. 그래서 '나'만을 찾고 '나의 것'만을 챙기며 이기적으로 살아가는 경우가 많습니다.

하지만 이 법계의 중생은 '나'의 기운, '나'의 능력으로 살아가는 존재가 아닙니다. 이 법계에 가득 차 있는 생명의 기운, 행복의 기운, 반야의 기운으로 살아가는 존재가 중생인 것입니다. 스스로의 그릇을 비우면 법계의 좋은 기운들이 저절로 '나'의 것이 되건만, '나'만을 생각하고 '나'의 욕심을 채우며 살기 때문에 괴롭고 힘들고 부자유스런 삶을 살아가게 되는 것입니다.

정녕 행복하고 자유롭고 충만된 기쁨 속에서 살고

자 한다면 빈 그릇 빈 찻잔, 곧 공空을 체득하며 살아야 합니다.

그런데 여기서 또 한 가지 명심할 것이 있습니다. 그것은 '공을 체득한다'는 것이 찻잔 속의 차를 비우는 것이 아니라, 그 찻잔이 원래 빈 것이라는 것을 사무쳐 아는 것이 '공의 체득'입니다.

원래 비어있음을 확실히 알면 해탈을 이루게 되고 반야지혜는 스스로 발현됩니다. 그러나 원래 비어있음을 확실히 알지 못하고 있기 때문에 부처님께서는 끊임없이 '공'을 강조하며 '비우라'고 하신 것입니다.

그럼 어떻게 해야 원래부터 비어있는 공성空性을 체득할 수 있는가? 무집착無執着! 바로 집착 없는 삶을 살아야 합니다. 왜 집착없이 살아야 하는가? 《팔천송반야경》에서는 이렇게 답하고 있습니다.

"일체지一切智인 반야는 모든 집착을 떠났기 때문이다."

바꾸어 말하면 '나'의 고집, 나의 관념, 나만의 사랑으로 만든 모든 집착을 떠나서 살면, 저절로 반야지혜와 하나가 되어 해탈(바라밀)을 얻고 반야의 빛을 발현시킬 수 있다는 것입니다.

❀

일본 경도京都의 황벽사黃壁寺 산문에는 한문으로 '제일의第一義'라고 쓴 큰 편액이 걸려 있습니다. 서예가들이 걸작품이라며 찬사를 아끼지 않는 이 글씨는 약 3백년 전 고천高泉스님이 쓴 것입니다.

당시 붓글씨를 쓰는 고천스님 옆에는 먹을 갈아주는 시자승侍者僧이 언제나 함께 했습니다. 워낙 큰 글씨를 써야 했기 때문에 한번 쓰는데도 많은 양의 먹을 필요로 했지만, 시자는 조금도 싫어하지 않고 부지런히 먹을 갈았습니다. 뿐만 아니라 고천스님의 글씨에 대해 주저없이 평을 하였습니다. 처음 쓴 글씨를 보고 시자는 말했습니다.

"좋지 않습니다."

"이번 글씨는 어떤가?"

"지난번에 쓰신 것보다 더 엉망입니다."

스님은 참을성 있게 84번이나 '第一義'를 썼지만 시자는 여전히 고개를 흔드는 것이었습니다.

그러던 어느 날 시자가 잠시 스님 곁을 떠나게 되

었습니다.

'지금이야말로 저놈의 눈에서 벗어날 수 있는 절호의 기회다.'

스님은 서둘러 글씨를 썼고, 돌아와서 그것을 본 시자는 소리쳤습니다.

"아! 참으로 걸작입니다."

§

이렇게 하여 85번째 쓴 '第一義' 글씨는 황벽사 편액글씨로 채택되었습니다. 교천스님이 아무런 집착없이 몰두하여 결실을 보게 된 이 글씨야말로 반야의 발현이요 바라밀인 것입니다.

정녕 공을 체득하여 반야를 발현시키고자 하는 불자라면 집착없는 삶을 살아야 합니다. 집착·애착을 모두 벗어버릴 때, 반야의 영원한 생명력 속에서 무한한 행복을 누리며 자유롭고 맑게 살아갈 수 있게 된다는 것을 깊이 명심하기 바랍니다.

회향을 잘 하면 반야바라밀을 이룬다

이제까지 우리는 보시·지계·인욕·정진·선정·반야의 육바라밀에 대해 함께 살펴보았습니다. 그런데 이 여섯 가지 실천덕목 하나하나에는 '바라밀波羅蜜'이라는 단어가 붙어 있습니다. 보시·지계·인욕·정진·선정·반야, 그 무엇을 닦든 해탈의 경지에 도달할 수 있다는 뜻에는 '바라밀'을 뒤에 붙여 쓴 것입니다.

그러나 다른 중생을 위해 베푸는 보시를 아무리 잘 행할지라도 완전한 해탈의 경지에 이르기는 참으로 어렵습니다. 왜냐하면 아무런 집착없이 있는 그대로를 꿰뚫어 볼 수 있는 반야지혜가 없으면 무집착의 보시를 행하기가 용이하지 않기 때문입니다.

무집착의 보시가 되지 않으면 해탈, 곧 바라밀을 이룰 수 없습니다. 보시뿐만이 아닙니다. 지계·인욕·정진·선정도 마찬가지입니다. 바라밀로 직결되는 반야지혜 없이 지계·인욕·정진·선정 등을 행하면, 복덕福德은 지을지언정 해탈의 공덕을 이룰 수는 없는 것입니다.

그럼 어떻게 해야 하는 것인가? 보시·지계·인욕·정진·선정을 모두 팽개치고 반야만 닦아야 하는 것인가? 아닙니다. 그 답을 밝히기에 앞서 우리가 익히 알고 있는 달마대사達磨大師와 중국 양나라 무제武帝와의 대화부터 음미해봅시다.

❁

527년, 달마대사가 서역으로부터 중국 남방에 이르자 양무제는 대사를 수도인 남경南京으로 모셔오도록 하였습니다. 독실한 불자였던 무제는 인사가 끝나기 바쁘게 물었습니다.

"내가 즉위한 이래 무수히 많은 절을 지었고 무수히 많은 경전을 만들어 유포하였으며, 수많은 승려에게 공양을 올렸소. 그 공덕이 과연 얼마나 되겠소이까?"

"공덕이 전혀 없습니다."

"어째서 공덕이 없다고 하시오?"

"그러한 것들은 속세의 조그만 행위로서, 형체에 그림자가 따르듯이 인因에 대한 과보果報만이 따를 뿐입니다. 언뜻 보면 그림자가 존재하는 듯이 보이지만, 그림자는 실재하는 것이 아니지요."

"그럼 진정한 공덕은 어떠한 것이오?"

"진정한 공덕은 청정한 반야 속에 묘하고 원만하게 갖추어져 있습니다."

8

달마대사는 양무제가 행한 무수한 불사佛事가 단순한 복덕福德의 차원일 뿐이요, 반야의 주춧돌 위에 불사를 해야만 해탈과 직결될 수 있는 공덕功德이 된다고 단정적으로 이야기한 것입니다.

공덕과 복덕. 이를 한마디로 정의하면, 복덕은 세간의 행복한 삶을 위해 필요한 덕스러운 행동이요, 공덕은 출세간의 해탈을 이루는 데 밑거름이 되는 마음가짐과 수행입니다.

실로 달마대사의 말씀처럼, 아무리 많은 절을 짓고 경전을 간행하고 스님들을 공양하는 불사를 하였을지라도, 그 일이 복을 짓는 일로써 끝날 때는 참된 깨달음과 전혀 무관합니다. 그것은 오직 복덕을 쌓은 것일 뿐입니다. 쌓아놓은 복을 다 소모하고 나면 어떻게 되겠습니까? 화禍가 찾아들 수밖에 없습니다.

　하지만 공덕은 다릅니다. 보리심을 발하여 마음을 비우면서 반야지혜를 밝혀가면 영원히 멸하지 않는 공덕을 심어 부처를 이룰 수 있게 되는 것입니다.

　우리도 우리가 행한 보시·지계·인욕 등의 노력을 단순한 복덕의 차원이 아닌 공덕의 차원으로 바꾸어야 합니다.

　만약 보시·지계·인욕 등이 단순한 복덕의 차원에서 그칠 것이었다면, 부처님께서는 절대로 그 낱말 뒤에 '바라밀'을 붙이지 않았을 것입니다. 틀림없이 공덕의 차원으로 승화시킬 수 있기 때문에 '바라밀'이라는 말을 붙이고, 또 실천할 것을 당부하신 것입니다.

　그럼 어떻게 하여야 보시·지계·인욕·정진 등을 단순한 복덕이 아닌 반야바라밀의 차원으로 끌어올릴 수 있는가? 부처님께서는 그 비결이 회향廻向에 있다고 하셨습니다.

　회향! 회향은 말 그대로, '방향을 전환시킨다', '변화시키고 발전시킨다'는 뜻을 내포하고 있습니다. 원시불교나 소승불교에서는 찾아볼 수 없는 대

대승불교 특유의 사상인 이 회향은 크게 보리회향菩提廻向과 중생회향衆生廻向으로 나누어집니다.

보리회향은 보시·지계·인욕·정진·선정 등에 기울인 노력을 해탈·성불의 밑거름이 되도록 전환시키는 것이고, 중생회향은 그 노력들을 중생의 행복으로 돌리는 것입니다. 곧 내가 닦은 행으로 자타自他가 모두 다 성불할 수 있는 주춧돌을 놓는 것입니다.

그런데 이 회향에 대해 한 가지 의문을 제기하지 않을 수 없습니다. 그것은 "왜 회향을 하면 단순한 복덕의 차원이 아니라 반야지혜를 얻어 해탈을 이룰 수 있게 되는가?" 하는 점입니다.

그 해답은 바로 '무집착'에 있습니다. 회향을 함으로써 모든 집착을 떨쳐버리는 것입니다. 보리의 길로, 중생의 행복으로 나의 보시·지계·인욕·정진·선정을 비롯한 모든 복된 행위의 결과를 돌려버렸기 때문에, '나'는 그 복 지은 행위에 집착할 까닭이 없습니다. '나'는 다시 공空한 빈 존재가 된 것입니다.

만일 수많은 불사를 행한 양무제가 열심히 불사를

한 다음 회향을 하였다면 틀림없이 집착이 없는 반야의 지혜를 체득할 수 있게 되었을 것입니다. 그러나 양무제는 회향을 몰랐습니다. 자신이 한 일에 집착하고 자랑스러워하였을 뿐, 비울 줄도 가꿀 줄도 몰랐습니다.

보시·지계·인욕·정진·선정·반야의 육바라밀을 닦고 만선萬善을 추구하며 사는 우리 불자들은 꼭 행한 바를 회향하는 습관을 길러야 합니다.

그리고 반야지혜를 증득하고자 한다면 우리가 현재 빠져 있는 헛된 모습에 대한 집착을 비워버려야 합니다. 우리의 거짓된 모습을 남김없이 벗어 버려야 합니다. 모든 가식을, 집착을 다 비워버리면 저절로 마음이 고요해지고, 고요해지면 맑아지고 맑아지면 밝아집니다. 그 밝음이 바로 반야의 빛인 것입니다.

부디 모든 집착을 비워 원래부터 갖추고 있는 반야의 지혜를 발현시켜서, 있는 그대로를 있는 그대로 보도록 하십시오. 실로 있는 그대로의 모습을 볼 수 있다면 기뻐할 것도 슬퍼할 것도 없습니다.

미혹은 불행의 씨가 되고, 집착이 눈앞을 가리고

있으면 고통만 더욱 커집니다. 진정으로 '나'를 사랑하고 진정으로 행복해지기를 원한다면 능력껏 육바라밀을 실천하십시오. 차츰 마음이 밝아지고 도가 무르익어, 영원한 생명력 속에서 무한한 평화와 행복을 누리며 살 수 있게 됩니다.

부디 잊지 마십시오. 불법佛法과 함께 하고 바른 자세로 불법을 익혀가면, 일체 재앙은 반드시 티끌로 화하고, 반야바라밀은 언제나 '나'와 함께 하며, '나'는 저절로 밝고 바르고 평화로운 존재가 된다는 것을….

그날까지 능력껏 정성껏 닦아가고, 스스로를 잘 살려 가시기를 간곡히 축원드립니다.

나무마하반야바라밀.

기도 및 영가천도의 지침서

광명진언 기도법 / 일타스님·김현준　　신국판 176쪽 6,000원
광명진언 기도를 널리 펴고자 일타스님과 김현준 원장이 함께 저술한 책. 광명진언 속에 새겨진 참의미와 바른 기도법, 빠른 기도성취법 등을 자상하게 설하고, 유형별 기도성취 영험담을 다양하게 수록하였으며, 누구나 보기 쉽도록 큰활자로 발간하였습니다. 광명진언을 외우면 행복과 평화, 영가천도, 소원성취를 이룰 수 있습니다.

생활 속의 기도법 / 일타스님　　신국판 160쪽 5,500원
불교계 최대의 베스트셀러! 일상생활에서 누구나 처할 수 있는 여러 가지 상황에 따른 구체적인 기도방법에서부터 특별기도성취법·영가천도기도법·기도할 때 지녀야 할 마음가짐까지, 자상한 문체로 예화를 섞어 쉽고 재미있게 엮었습니다.

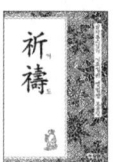
기도 / 일타스님　　신국판 240쪽 8,000원
총 6장 52편의 다양한 기도 영험담으로 엮어진 이 책을 읽다보면 기도를 통해 틀림없이 부처님의 가피를 입을 수 있음을 확신할 수 있게 되고, 올바른 기도법과 함께 기도성취의 지름길을 알 수 있게 됩니다.

기도성취 백팔문답 / 김현준　　신국판 240쪽 8,000원
기도에 대한 정의·기도와 믿음·업장소멸의 방법·꾸준한 기도의 효험·원을 세우는 법·축원법·각종 기도가피와 기도성취의 시기·성취를 위한 하심법下心法 등 기도에 관한 궁금증들을 문답형식으로 자상하게 풀이하였습니다.

참회와 사랑의 기도법 / 김현준　　신국판 192쪽 6,500원
총 84가지 문답을 통하여 참회의 정의에서부터 참회기도를 해야하는 까닭, 절을 통한 참회법·염불참회법·주력참회법·가족을 향한 참회법, 기도 축원의 구체적인 내용 및 자비의 기도가 갖는 효과, '백중과 영가천도'등에 대해 아주 상세하게 설명하고 있습니다.

참회·참회기도법 / 김현준　　신국판 160쪽 5,500원
참회의 참된 의미, 절·염불을 통한 참회법, 참회인의 마음가짐, 이참법 등을 영험담들과 함께 감동 깊게 엮은 책으로, 참회를 통해 행복하고 자유로운 삶을 사는 방법을 열어주고 있습니다.

불교의 자녀사랑 기도법 / 김현준　　신국판 160쪽 5,500원
사랑하는 자녀들을 가장 잘 사랑할 수 있는 방법을 부처님의 가르침에 의지하여 정립하고 생활화한 책입니다. 이 책의 가르침을 따라 자녀를 사랑하고 기도해보십시오. 우리의 자녀들이 뜻하는 바 소원을 성취하고, 행복과 평화를 누릴 수 있게 될 것입니다. 부록으로 부모님께 효도하여야 하는 까닭과 방법도 수록하였습니다.

법보시를 원하시는 분은 출판사로 연락 주십시오. 할인혜택을 드립니다.
전화 02-587-6612, 582-6612 팩스 02-586-9078

신묘장구대다라니 기도법 / 우룡스님·김현준　　신국판　208쪽　7,000원
신묘장구대다라니를 외우면 생겨나는 가피와 공덕, 기도의 방법과 주의할 점, 우룡스님이 들려주는 14편의 영험담, 대다라니의 근본경전인『무애대비심다라니경』을 수록하고 있는 이 책을 읽고 자신있게 기도하면 심중소원의 성취와 기적같은 체험도 할 수 있습니다.

기도 성취의 지름길 / 우룡스님　　　　　4×6판　160쪽　4,500원
가족을 위한 기도와 기도 성취의 원리에 초점을 맞춘 감동적인 기도법문입니다. 제1부「가족 행복을 위한 기도」에서는 가족을 향한 참회와 절의 필요성, 3배 기도의 큰 영험에 대해 일러주고 있으며, 제2부「빠른 기도 성취의 길」에서는 믿음과 정성이 뒤따라야 기도 성취를 잘할 수 있고, 기도의 고비를 잘 넘겨야 능히 행복과 대해탈의 문이 열린다는 것을 많은 이야기를 곁들여 설하고 있습니다.

기도 이야기 / 우룡스님　　　　　　　　신국판　204쪽　7,000원
"스님, 기도로 소원을 성취할 수 있습니까?" 총 6장 45편의, 참으로 재미있는 기도성취 영험담이 수록된 이 책을 읽고 기도를 하면, 불보살님과 통하는 감응의 길이 열리면서 심중소원을 빨리 성취하게 됩니다. 또한 이야기 끝에 붙인 큰스님의 해설은 기도의 방법을 쉽게 터득할 수 있도록 이끌어줍니다.

영가천도 / 우룡스님　　　　　　　　　　신국판　160쪽　5,500원
영가의 장애를 느끼십니까? 돌아가신 영가를 영가를 제대로 천도해 드리지 못했습니까? 영가천도의 필요성과 기본자세, 염불·독경·사경을 통한 영가천도, 49재, 낙태아 천도 등 영가천도에 관한 궁금증 및 천도의 방법을 우룡스님의 자세한 법문으로 풀어드립니다.

미타신앙·미타기도법 / 김현준　　　　신국판　160쪽　5,500원
아미타불의 참 모습에서부터 극락에서 누리는 행복, 칭명염불·오회염불·관상염불·천도염불 등의 각종 염불수행법과 함께 임종하는 이를 위한 의식과 49재 기간의 행법 등을 자세히 밝히고 있습니다.

관음신앙·관음기도법 / 김현준　　　　신국판　240쪽　8,000원
관세음보살의 구원 능력, 주요 경전 속의 관음관, 11면관음·천수관음·32응신·33관음 등 자비관음의 여러 가지 모습, 일심칭명 일념염불의 관음기도법, 독경 사경 기도법, 다라니 염송 기도법 등을 자세하고도 알기 쉽게 풀이하였습니다.

지장신앙·지장기도법 / 김현준　　　　신국판　192쪽　6,500원
지장신앙 속에는 영가천도뿐만이 아니라 현세에서의 행복과 깨달음, 성불의 비결까지 간직되어 있습니다. 이러한 지장신앙의 여러 측면과 함께 생활 속에서 할 수 있는 지장기도법을 자세히 밝혀놓았습니다.

병환과 기도 / 일타스님·김현준　　　　　4×6판　84쪽　2,500원

일타큰스님의 스테디셀러

부드러운 말 한마디 미묘한 향이로다 / 일타스님   240쪽 8,000원
일타스님 대표 법문집. 삶의 이유, 복된 삶 이루는 방법, 보시와 지계, 도 닦는 법, 지혜성취법 등의 맑고 주옥같은 법문을 수록하여 읽는 이들에게 행복의 세계로 향하는 문을 열어주고 있습니다.

불자의 마음가짐과 수행법 / 일타스님   신국판 192쪽 6,500원
불자들이 큰 행복과 대자유를 얻기 위해서는 어떠한 마음가짐으로 살아야 하며, 참선·염불·간경·주력의 불교 4대 수행법을 어떻게 닦아야 하는가를 갖가지 비유를 들어 자상하게 설하고 있습니다.

불자의 기본 예절 / 일타스님   신국판 160쪽 5,500원
불교 예절의 근본이 되는 마음가짐과 말씨, 걸음걸이와 앉음새, 합장법, 절하는 법, 법당에서의 예절, 법문 듣는 법, 목욕·입측법 등 절집안의 생활 예절을 보다 쉽게 접할 수 있도록 많은 이야기를 곁들여 재미있게 엮었습니다.

오계이야기 / 일타스님   신국판 160쪽 5,500원
살생·투도·사음·망어의 근본 4계에 불음주계를 합한 5계에 대한 법문집. 재미있는 일화를 들어 각 계율의 연원과 지키는 방법, 계율을 범했을 때의 과보 등을 자세히 설했습니다. 복된 불자의 길로 나아가게 하는 불자의 필독서입니다.

윤회와 인과응보 이야기 / 일타스님   신국판 240쪽 8,000원
"죽음 뒤의 세상, 인간은 과연 윤회하는 존재인가?" 내가 지은 업은 어떻게 전개될 것인가? 이러한 의문의 해답을 일러주고자 총 49가지 이야기로 엮은 이 책을 읽다 보면 윤회와 인과응보에 대한 해답을 명확하게 얻을 수 있게 됩니다.

....

육조단경(덕이본德異本) 증보개정판 / 김현준 역   4X6배판 208쪽 8,000원
육조 혜능대사께서 설한 선종의 근본 경전으로, 인간의 참된 본성을 보게 하여 마음을 치유하고 깨달음을 열어줍니다. 계속 정독하면 영성이 깨어나고 대자유인이 될 수 있습니다. 증보개정판을 내면서 한글 번역 옆에 한자 원문을 붙여 뜻을 잘 이해할 수 있도록 하였으며, 글씨를 조금 더 크고 뚜렷하게 하여 읽기 좋도록 하였습니다.

선가귀감 / 서산대사 저 김현준 역   4X6배판 136쪽 5,500원
조선시대 최고의 고승인 서산대사께서 선禪에 대한 다양한 가르침을 중심에 두고 참회·염불·계율·육바라밀·도인의 삶 등을 간절하게 설하여 불자들의 신심과 정진에 큰 도움을 주는 소중한 책입니다. 읽으면 읽을수록 쾌락함과 깊은 맛을 느낄 수 있습니다.   (한글 한문 대조본)

우룡큰스님의 스테디셀러

불교신행의 주춧돌 / 우룡스님   신국판 240쪽 8,000원
신행생활 속에서 자주 겪게 되는 시행착오를 미리 피하고, 올바른 정진을 하여 깨달음의 세계로 나아가는데 꼭 필요한 마음가짐과 신행방법 등을 자상한 문체와 일화들로 알기 쉽게 엮었습니다.

정성 성誠이 부처입니다 / 우룡스님   신국판 240쪽 8,000원
'정성 성'이 부처요, 모든 것이 부처님 하는 일. 대우주와 하나되는 삶, 마음 단속과 마음 열기, 마음 다스리기, 번뇌와 업장을 비우는 방법 등을 쉽게 일러주고 있습니다.

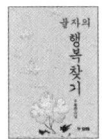
불자의 행복 찾기 / 우룡스님   신국판 190쪽 6,500원
우룡스님 설법의 결정판. ① 복 받기를 원하거든 ② 보시로 이루는 큰 복 ③ 아상과 무주상 ④ 행복과 기도의 총 4장으로 나누어져 있는 이 책을 읽다 보면 복 짓고 복 쌓고 복 받는 방법과 원리를 저절로 터득할 수 있게 됩니다.

신심으로 여는 행복 / 우룡스님   신국판 192쪽 6,500원
믿음과 기도, 신심을 키우는 방법, 신심 속에서 나타나는 가피와 성취, 윤회에 대한 믿음, 불성의 발현과 믿음, 가정과 나를 살리는 실천법 등이 수록되어 있습니다.

불자의 살림살이 / 우룡스님   신국판 160쪽 5,500원
참된 불자의 살림살이가 무엇인지, 특히 가족을 향한 참회와 복 짓는 방법, 평온을 얻고 지혜를 이루는 방법을 쉽고도 일목요연하게 설한 법문집입니다.

불교의 수행법과 나의 체험 / 우룡스님   신국판 160쪽 5,500원
염불 및 주력수행법, 기도를 잘하는 법, 경전공부의 방법, 참선 수행법, 수행과 업장소멸, 수행정진의 비결 등을 스님의 체험을 예로 들면서 재미있게 엮었습니다.

리틀 붓다, 행복을 찾아서 / 클라우스 미코슈 지음·김연수 옮김
재치와 감동과 따뜻함이 있는 이야기. 지혜로운 삶에 관한 이야기. 꿈과 성취와 행복이 담긴 이야기. 소중한 삶의 주제들로 가득 채워진 이 책을 읽다 보면 진정한 행복이 무엇인지를 깨닫게 되고, 우리의 불성이 깨어나고 있음을 느낄 수 있게 됩니다.   컬러양장본 184쪽 12,000원

참 생명을 찾는 경봉스님 가르침 / 김현준   신국판 192쪽 6,500원
경봉스님의 참 생명을 찾는 공부 방법과 도와 인생의 실체, 이 사바세계를 무대로 삼아 멋있게 사는 법 등을 다양한 이야기와 함께 엮은 책입니다..

도와 함께하는 행복과 성공 / 김현준 엮음   신국판 160쪽 5,500원
경봉대선사께서 행복은 어디에 있고 어디에 깃들며, 어떻게 할 때 성공하는가? 복 짓는 법과 성공에 있어 가장 필요한 것은 무엇인가를 설한 책입니다..

알기 쉬운 경전 해설서

생활 속의 반야심경 / 김현준　　　　　　　　　　　신국판　240쪽　8,000원
공空의 의미, 모든 괴로움의 원인과 괴로움에서 벗어나는 방법, 색즉시공 공즉시색의 참 뜻, 걸림 없고 진실불허한 삶을 이루는 방법 등을 반야심경의 경문을 따라 쉽고 상세하고 재미있게 풀이하고 있습니다.

화엄경 약찬게 풀이 / 김현준　　　　　　　　　　신국판　216쪽　7,000원
불자들이 자주 독송하는 화엄경약찬게! 화엄경약찬게를 그냥 읽으면 참으로 어렵고 무슨 내용인지 알 수 없지만 이 풀이를 본 다음에 읽으면 약찬게를 명확히 파악할 수 있게 될 뿐 아니라 화엄경의 내용까지 꿰뚫어 환희심이 샘솟고 대화엄의 세계에서 노닐 수 있게 됩니다.

생활 속의 천수경 (개정판) / 김현준　　　　　　　신국판　240쪽　8,000원
천수관음이 출현하신 까닭, 천수관음을 청하는 법과 가피를 얻는 법, 신묘장구대다라니의 풀이와 공덕, 찬탄의 공덕과 참회성취의 비결, 준제기도 및 주요 진언 속에 깃든 의미, 여래십대발원문 사홍서원 삼귀의 의미 등을 상세히 풀이하였습니다.

생활 속의 금강경 / 우룡스님　　　　　　　　　　신국판　304쪽　9,000원
금강경의 심오한 내용을 알기 쉽게 풀이하고 일상생활과 접목시켜 강설함으로써 삶의 현장에서 금강경의 가르침을 능히 응용할 수 있도록 하였고, 감동을 주는 일화들을 많이 삽입하여 재미를 더해주고 있습니다.

생활 속의 관음경 / 우룡스님　　　　　　　　　　신국판　240쪽　8,000원
관세음보살보문품인 관음경을 통하여 관세음보살의 본질, 일심칭명과 재난 소멸법, 공경 예배와 소원 성취법, 관세음보살을 관하는 법 등에 대해 여러 가지 영험담과 함께 감동적으로 풀이하고 있습니다.

생활 속의 보왕삼매론 / 김현준　　　　　　　　　신국판　240쪽　8,000원
『보왕삼매론』을 해설한 이 책은 병고 해탈, 고난 퇴치, 마음공부와 마장 극복, 일의 성취, 참사랑의 원리, 인연 다스리기, 공덕 쌓는 법, 이익과 부귀, 억울함의 승화 등 누구나 인생살이에서 겪게 되는 장애들을 속 시원하게 뚫어주고 있습니다.

천지팔양신주경 사경 (1책으로 3번 사경)　　　　4×6배판　112쪽　4,500원
옛부터 건축·결혼·출산·사업·죽음 등 평생의 삶 중에서 중요한 때마다 읽고 쓰면 크게 길하고 이롭고 장수하고 복덕을 갖추게 된다고 전해지고 있습니다.

부모은중경 사경 (1책으로 3번 사경)　　　　　　4×6배판　112쪽　4,500원
부처님께서는 부모님의 은혜를 새기면서 이 경을 쓰게 되면 그 어떤 행보다 큰 공덕이 생겨난다고 하였습니다. 정성 들여 사경하면 뜻하는 바가 이루어집니다.

보왕삼매론 사경 (1책으로 50번 사경)　　　　　4×6배판　120쪽　4,500원
보왕삼매론을 사경하면 재앙이 소멸됨은 물론이요 생활 속의 걸림돌이 디딤돌로 바뀌고 고난이 사라져 하루하루가 편안해집니다.

보현행원품 한글사경 (1책으로 3번 사경)　　　　4×6배판　120쪽　4,500원
행원품을 사경하면 자리이타의 삶과 업장 참회, 신통·지혜·복덕·자비 등을 빨리 이룰 수 있고 세세생생 불법과 함께하며 보살도를 성취할 수 있습니다.

약사경 한글사경 (1책으로 3번 사경)　　　　　　4×6배판　112쪽　4,000원
약사경을 사경하면 약사여래의 가피가 저절로 찾아들어, 병환의 쾌차, 집안 평안, 업장소멸을 비롯한 갖가지 소원을 쉽게 성취할 수 있습니다.

영험 크고 성취 빠른 각종 사경집 (책 크기 4×6배판)

광명진언 사경 (가로쓰기:1080번 사경)　　　128쪽　5,000원
광명진언 사경 (세로쓰기:1080번 사경)　　　128쪽　5,000원
눈으로 보고 입으로 외우고 손으로 쓰고 마음으로 새기는 광명진언 사경은 크나큰 성취를 안겨줍니다.

금강경 한글사경 (1책으로 3번 사경)　　　144쪽　5,500원
금강경 한문사경 (1책으로 3번 사경)　　　144쪽　5,500원
금강경 한문한글사경 (1책으로 1번 사경)　　　100쪽　4,000원
요긴하고 으뜸된 경전인 금강경을 사경해 보십시오. 업장소멸과 함께 크나큰 깨달음과 좋은 일들이 저절로 다가옵니다.

아미타경 한글사경 (1책으로 7번 사경)　　　116쪽　4,500원
살아 생전 또는 부모나 가까운 분이 돌아가셨을 때 이 경을 쓰면 극락왕생이 참으로 가까워집니다.

반야심경 한글사경 (1책으로 50번 사경)　　　116쪽　4,500원
반야심경 한문사경 (1책으로 50번 사경)　　　116쪽　4,500원
반야심경을 사경하면 호법신장이 '나'를 지켜주고, 공의 도리를 깨달아 평화롭고 안정된 삶이 함께 합니다.

신묘장구대다라니 사경 (50번 사경)　　　116쪽　4,500원
대다라니를 사경하면 관세음보살님과 호법신장들이 '나'와 주위를 지켜주고 소원성취와 동시에, 행복하고 자비심 가득한 마음을 가질 수 있도록 해줍니다.

천수경 한글사경 (1책으로 7번 사경)　　　112쪽　4,500원
천수경을 사경하고 독송하면 천수관음의 가피가 저절로 찾아들어, 업장 및 고난의 소멸과 갖가지 소원을 쉽게 성취할 수 있습니다.

관음경 한글사경 (1책으로 5번 사경)　　　112쪽　4,500원
관음경을 사경하면 늘 행복이 함께하며, 학업성취 · 건강쾌유 · 자녀의 성공 · 경제문제 등에도 영험이 매우 큽니다.

지장경 한글사경 (1책으로 1번 사경)　　　144쪽　5,500원
지장경을 사경하고 독송하면 영가천도는 물론이요, 각종 장애가 저절로 사라지고 심중의 소원이 성취됩니다.

아미타불 명호사경 (1책으로 5,400번 사경)　　　160쪽　6,000원
'나무아미타불'과 '아미타불'을 오회염불법에 따라 외우고 쓰는 특별한 명호사경집입니다. 집중력을 더하여, 심중 소원 성취에 큰 도움을 줍니다.

관세음보살 명호사경 (1책으로 5천4백번 사경)
지장보살 명호사경 (1책으로 5천번 사경)　각 권 108쪽　4,500원
'관세음보살'이나 '지장보살'의 명호를 쓰면서 입으로 외우고 마음에 새기면, 관세음보살님과 지장보살님의 가피를 입어 몸과 마음이 큰 변화를 이루고, 마음속의 원을 능히 성취할 수 있습니다.

많이 찾는 기도 독송용 경전

한글 『법화경』과 『법화경 한글사경』

불교 최고 경전인 법화경! 이 경을 독송하고 사경해 보십시오.
소원성취는 물론 깨달음과 경제적인 풍요까지 안겨줍니다.

법화경 (독송용) 김현준 역　　4×6배판　총 22,000원
전3책 제1·2책 176쪽 7,000원 제3책 192쪽 8,000원

법화경 한글사경 김현준 역　4×6배판　총 22,500원
전5책 각권 120쪽 내외 권당 4,500원

지장경 김현준 편역　　　　　　　　　4×6배판　208쪽　8,000원

이 책은 지장기도를 하는 분들을 위해　① 지장경을 처음부터 끝까지 1번 독송,
② '나무지장보살'을 천번염송,　　　　③ 지장보살예찬문을 외우며 158배,
④ '지장보살' 천번 염송의 4부로 나누어 특별히 만들었습니다.
지장경 독경 및 지장보살예참과 염불을 할 때, 각 장 앞에 제시된 기도법에 따라 기도를 하면, 영가천도·업장소멸·소원성취·향상된 삶을 이룩할 수 있습니다.

자비도량참법 / 김현준 역　　　　　　양장본　528쪽　22,000원
참되이 참회하시기를 원하십니까? 자비도량참법 기도를 하면 나의 허물과 죄업의 참회에서 시작하여 부모 스승 친척 등 육도 속을 윤회하는 온 법계 중생의 업장과 무명까지 모두 소멸시켜주며, 자비가 충만해지고 환희심이 넘쳐나게 됩니다.

원각경 / 김현준 편역　　　　　　　　4×6배판　192쪽　8,000원
한국불교의 근본 경전인 원각경을 수십 차례 번역·수정·윤문하여 쉽게 이해할 수 있도록 하였습니다. 한글과 원문을 바로 옆에 두어 대조하며 읽을 수 있습니다.

유마경 / 김현준 역　　　　　　　　　4×6배판　296쪽　12,000원
보살의 병, 불도란 어떤 것인가? 깨달음의 세계로 들어가는 불이법문, 참된 불국토를 건설하는 방법 등등 매우 소중한 가르침들을 가득 담고 있는 이 경을 읽다보면 마음이 탁 트입니다.

승만경 / 김현준 편역　　　　　　　　4×6배판　144쪽　5,500원
여인의 성불 수기와 함께 승만부인의 서원, 정법·번뇌·법신·일승·사성제·자성청정심·여래장사상 등을 분명히 밝힌 보배로운 경전입니다.(한글 한문 대조본)

보현행원품 / 김현준 편역　　　　　　4×6배판　112쪽　4,500원
행원품과 예불대참회문을 함께 실어 독경 후 행원품에 근거한 정통 108배를 행할 수 있도록 만들었으며, 독송 방법과 대참회의 의미 등도 상세히 설명하였습니다.

밀린다왕문경 / 김현준 편역　　　　　신국판　204쪽　7,000원
그리스 왕인 밀린다와 불교 승려인 나가세나가 인생과 불교에 대해 대론한 것을 정리한 경전. 윤회·업·수행·지혜·해탈 등에 대한 조리정연한 번역이 신심을 더욱 불러일으킵니다.